STREETFOOD

© 2011 Tandem Verlag GmbH
h.f.ullmann ist ein Imprint der Tandem Verlag GmbH

Idee und Redaktion: LiberLab, Italien (www.liberlab.it)
Texte: Carla Diamanti (www.carladiamanti.com)
Texte von China: Ilenia Parnanzone
Layout: Chiara Ricci, Italien
Satz: Chiara Borda, LiberLab, Italien
Covergestaltung: rincón2 medien gmbh, Köln (www.rincon.de)

Projektleitung für h.f.ullmann: Lars Pietzschmann

Übersetzung: Susanne Laubach
Lektorat der Übersetzung: Petra Ahke

Gesamtherstellung: h.f.ullmann publishing

ISBN 978-3-8331-5614-4

10 9 8 7 6 5 4 3 2 1
X IX VIII VII VI V IV III II I

www.ullmann-publishing.com
newsletter@ullmann-publishing.com

CARLA DIAMANTI
FABRIZIO ESPOSITO

STREETFOOD

AUTHENTISCHE SNACKS AUS ALLER WELT

h.f.ullmann

Inhalt

Vorwort

Es gibt viele Möglichkeiten, etwas über die Bewohner der Erde zu erfahren, sich an deren Kultur, Traditionen und Sprachen zu erfreuen, sich von deren Unterschiedlichkeit bezaubern zu lassen und Fremdes zu entdecken. Ein möglicher Ansatzpunkt für diese Entdeckungsreise ist die Betrachtung der Straße als gesellschaftlicher Raum. Seit jeher gilt die Straße als Ort des Austauschs und der Begegnung, sie ist Ausgangspunkt jeder Reise und verbindet Bekanntes mit Fremdem. Die Straßen eines unbekannten Ortes erzählen – heute wie früher – viel über die Menschen, die dort leben, über ihre kulturellen und religiösen Traditionen. Als Ort der Begegnung und des Handels, der Kommunikation und der Arbeit und auch als Ort der Erholung hat die Straße vielerorts eine besondere Bedeutung.

Unser Augenmerk richtet sich auf das Leben auf der Straße und den Essgewohnheiten, die hier gelebt werden. Kulinarische Traditionen verraten immer auch etwas über die Menschen, von

Marktstand in Delhi, Indien; *Souk* in der Altstadt von Sanaa, Jemen; *Grattachecca*: das zerstoßene Eis mit Fruchtsirup gilt als besondere Spezialität in Rom, Italien.

denen sie gepflegt werden. Die traditionelle Küche einer Region oder eines Landes gibt Auskunft über die besondere Fruchtbarkeit eines Landes oder über Armut, über gesellschaftliche Regeln und religiöse Traditionen. Essen begleitet gesellschaftliche und familiäre Rituale und Vertragsabschlüsse. Ob im Haus, im Freien, im Stehen oder Sitzen, auf dem Gehsteig oder in einer Laubhütte, in den Parks von New York oder umgeben von den Wolkenkratzern Tokios, am Meer oder in der Wüste – Essen ist Ausdruck kultureller Identität.

Unsere kulinarische Reise führt uns rund um den Globus an bekannte, aber auch an weniger bekannte Orte. Entstanden ist ein buntes Mosaik, das sich aus den unterschiedlichsten Speisen, Rezepten, exotischen Zutaten, traditionellen Gewohnheiten und Vorlieben einer bestimmten Esskultur zusammensetzt. Berühmte Plätze und Städte, denen ihr kulinarischer Ruf weit vorausgeht, stehen dabei Orten gegenüber, in denen

Chengdu, China: mobile Garküche, an der nach traditioneller Art Süßkartoffeln zubereitet werden; ein Kaffee unter Freunden, Dakar, Senegal.

man nichts anderes kennt, als im Freien zu kochen und zu essen.

Unsere Reise beginnt in den Mittelmeerländern, in denen das Meer eine wichtige Nahrungsquelle für die dort lebenden Menschen darstellt. Das bunte Treiben auf den Märkten und die regionalen Eigenheiten, die sich in den vielfälti-

gen, fest verwurzelten Bräuchen und Essgewohnheiten widerspiegeln, faszinieren uns in Asien. Die Traditionen und kulinarischen Besonderheiten der arabischen und jüdischen Bevölkerung des Nahen Ostens bilden die erste Station unserer Reise durch Asien. Weiter geht es in die lebhaften Straßen von Bangkok und

Tokio, zu den japanischen Kirschbäumen und der uralten, bis heute gepflegten *Nyonya-Tradition* in Malakka. Die letzte Station bilden schließlich China und Indien – ganz eigene, im Wandel begriffene und mitunter schwer fassbare Welten, die jedoch bis heute durch ihre kulturellen Traditionen geprägt sind.

Hot-Dog und Erfrischungsgetränke auf den Straßen von New York; Mittagspause im Bryant Park, New York.

In Afrika und Amerika endet unsere kulinarische Weltreise. Beide Kontinente bieten uns facettenreiche Einblicke und zahlreiche Kontraste. Der afrikanische Kontinent hat Amerika viel gegeben: Arbeiter, Sprache, Traditionen, Musik. Auf den Straßen mischen sich heute auf beiden Kontinenten die eigenen Traditionen mit denen des anderen Kontinents. Und auf den Straßen zeigt sich heute das Miteinander dieser Traditionen von seiner schönsten Seite.

Herzlich Willkommen an der reich gedeckten Tafel unserer Erde, herzlich Willkommen in den bunten Straßen dieser Welt!

Der Mittelmeerraum

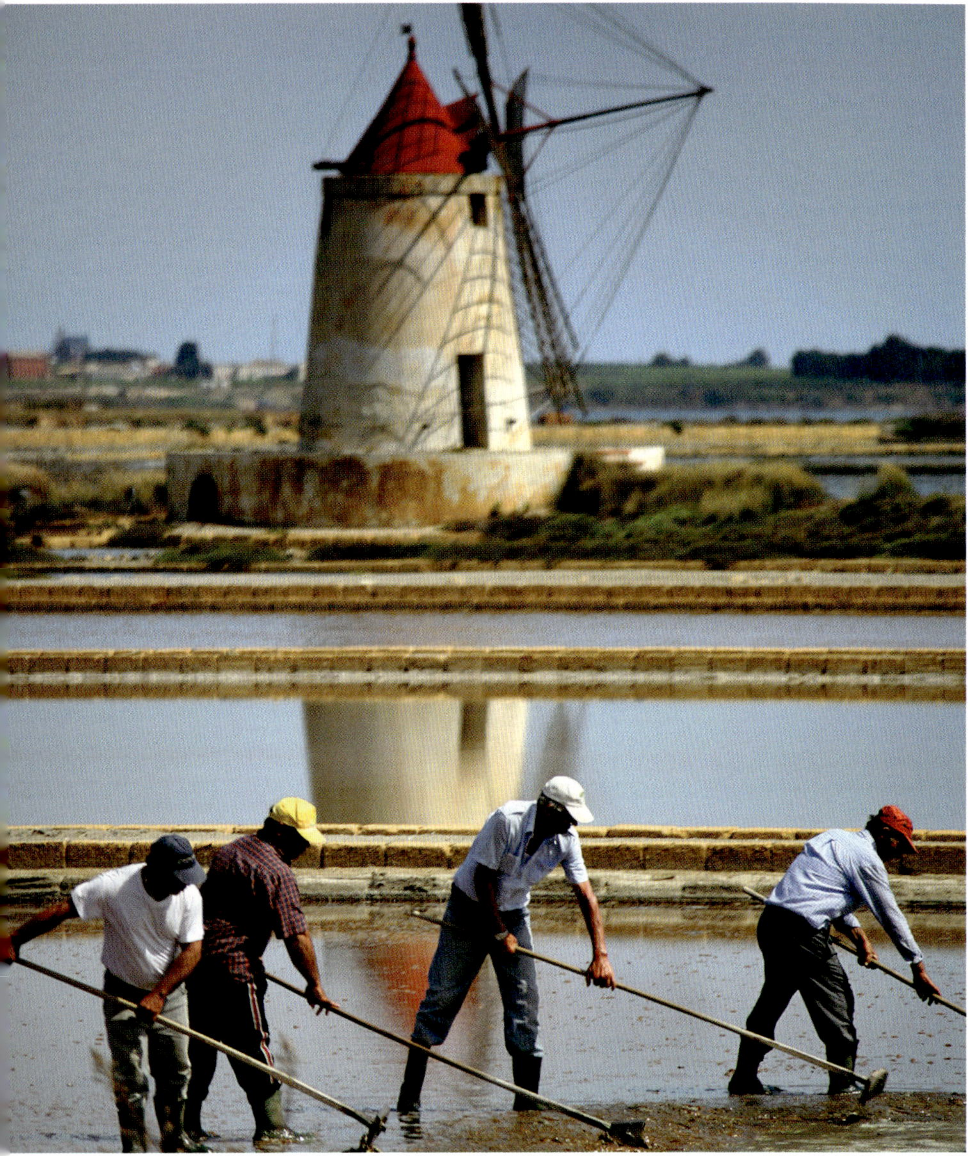

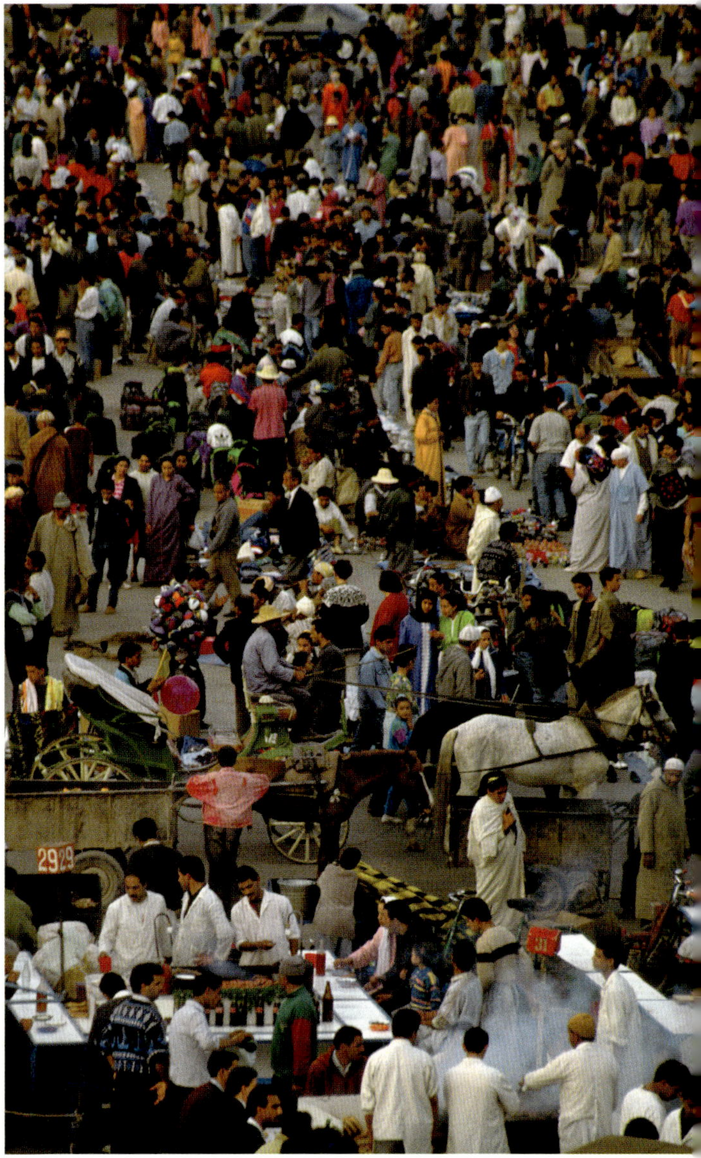

ab Seite 10: Markt auf der Porta Palazzo in Turin, Italien; Salinen von Marsala auf Sizilien, Italien; Marktplatz Djemaa el Fna in Marrakesch, Marokko; Aussicht von Santorini, Griechenland.

Zweieinhalb Millionen Quadratkilometer Meer, unzählige Inseln und eine bunte Sprachenvielfalt …

Im Arabischen und Türkischen wird das Mittelmeer, das für die angrenzenden Länder tatsächlich „in der Mitte" oder „zwischen" ihnen liegt, auch als „Weißes Meer" bezeichnet. Die alten Römer, die den Mittelmeerraum in weiten Teilen erobert hatten, nannten es *Mare Nostrum*, „unser Meer". *Mediterraneus*, das „Meer zwischen den Ländern" – ein Universum von unglaublicher Wirkungskraft.

Das Mittelmeer, das wie ein See nahezu völlig vom Festland umschlossen ist, umspült mit seinen Wassermassen die Küsten der umgebenden Länder und beeinflusst dort das Klima, die landwirtschaftlichen Bedingungen und das Temperament der Bewohner, die „ihrem" Meer häufig einen eigenen Namen gegeben haben. Das Mittelmeer verbindet anstatt zu trennen. Viele Bewohner des Mittelmeerraumes eint noch heute das Gefühl, Teil einer „mediterranen Familie" zu sein. Doch wodurch wird dieses Gemeinschaftsgefühl ausgelöst? Ist es die Sonne, die hier fast ganzjährig über die Region strahlt, oder sind es die weit zurückreichenden Beziehungen zwischen den Mittelmeerländern. Angefangen bei den ersten zaghaften Versuchen, die benachbarten Gebiete zu

Falafelverkäufer auf dem Markt von Shibam, Jemen; Kiosk im Parco del Valentino, Turin, Italien.

erforschen, über die Durchführung strategischer Eroberungszüge bis hin zum Aufbau eines regen Handelsverkehrs zwischen den Nachbarländern. Was die Bewohner dieser Region aber vor allem verbindet, sind jene Güter, die schon seit Jahrhunderten mit Schiffen über das Meer transportiert werden. So gelangten seltene Kostbarkeiten wie Purpur, Seide, verschiedene Salben und Duftstoffe,

ja sogar das Alphabet aus den entferntesten Winkeln der Erde bis in die Mittelmeerregion. Für die Verbreitung von Gewürzen war der Seehandel von ganz besonderer Bedeutung. So gelangten sie aus fernen Ländern ans Mittelmeer und wurden an den adeligen Höfen und auf den Märkten als seltene Kostbarkeiten angepriesen, bis sie schließlich Einzug in die mediterrane Küche hielten.

Die enge Verbindung zwischen den mediterranen Ländern ist bis heute spürbar. Das Mittelmeer, das im Osten durch die Dardanellen und im Westen durch die Meerenge von Gibraltar begrenzt wird und die drei Kontinente Europa, Asien und Afrika „berührt", dient den Menschen, die hier leben, als Bade- und Erholungsort, aber auch als Ort der Kommunikation. Das milde Klima bringt die

Kleiner Imbiss vor der Abreise, Rom, Italien; Mobiler Kaffeewagen, Alexandria, Ägypten; Marktplatz Djemaa el Fna, Marrakesch, Marokko: Schnecken als Imbiss für zwischendurch.

Menschen dazu, den Großteil ihres Lebens draußen und in Gemeinschaft zu verbringen.

Wo sich das Leben vorwiegend auf Straßen und Plätzen abspielt, wird selbstverständlich auch im Freien gegessen. Diese jahrhundertealte Tradition ist Ausdruck des kulturellen Allgemeinguts der gesamten Mittelmeerküste. Von der nördlichen Küste Afrikas über die westlichen Grenzen von Israel, Libanon, Syrien und der Türkei bis hin zu den zackigen Ausläufern des europäischen Festlandes zeugen die Esstraditionen von einer bewegten Geschichte. Sie erzählt von Einwanderern, von Meeresvölkern wie den Phöniziern, Kartografen,

die die Gegenden vermessten, und hartnäckigen Bauern, die das unwegsame Land in fruchtbare Weingärten verwandelten.

Im Laufe der Jahrhunderte gelangten die Speisen, zunächst die der Griechen und Römer und später die der Ottomanen und Araber, an die Küste und dort – angepasst an den Lebensrhythmus der Mittelmeerbewohner – aus den Häusern auf die Straße.

In Ägypten werden an den Marktständen *Koshari* und *Falafel* feilgeboten, in Italien reihen sich zahlreiche Buden aneinander, die Speiseeis und *Granulata* anbieten, in den funkelnden Städten der

Côte d'Azur finden sich unzählige Stände, an denen man *Pan Bagnat* bekommt und in Sardinien kann man direkt am Strand frische Seeigel kaufen. Entlang der gesamten Mittelmeerküste wimmelt es nur so von Pizzerien und Verkaufsständen, an denen man *Crêpes*, belegte Fladenbrote, und die unterschiedlichsten Varianten von Gebratenem und Gegrilltem kaufen kann.

In vielen Mittelmeerstädten ist dieses individuelle *Streetfood* Teil des Lokalkolorits, und die Straßenstände mit den einheimischen Spezialitäten sind als Fotomotiv für Touristen mitunter genauso beliebt wie historisch-kulturelle Sehenswürdigkeiten.

Wasser, Hefe und Mehl: was lässt sich mit diesen Zutaten aus dem Ofen zaubern?

Das Geheimnis dieser Kombination liegt wohl in den im Mehl enthaltenen Proteinen. Denn letztlich ist es ihnen zu verdanken, dass sich bei der Mischung aus Mehl und Wasser die einzelnen Mehlpartikel in einen homogenen, elastischen und cremigen Teig verwandeln. Es ist kein Wunder, dass dieser köstliche Teig bis heute die wichtigste Grundlage der mediterranen Küche bildet. Denn fügt man den beiden Zutaten noch etwas Hefe hinzu, lassen sich daraus Gaumenfreuden unter-

Farinata (Kichererbsenfladen)

Ursprünglich aus Genua, gilt die *Farinata* inzwischen auch in anderen Regionen Italiens als besondere Spezialität. Der Legende nach entstand das Gericht im 13. Jahrhundert durch einen Zufall. Damals sollen die im Laderaum eines Schiffes gelagerten Olivenölfässer während eines Sturms umgekippt sein und sich über die Mehlsäcke ergossen haben. Diese Mischung habe sich dann mit dem salzigen Meerwasser vermischt, sei anschließend in der Sonne getrocknet und habe in dieser Form als Mahlzeit für die ausgehungerten Seeleute gedient.

Zutaten für 4 Personen:
300 g Kichererbsenmehl, 1 l Wasser, 125 ml kaltgepresstes Olivenöl, Salz, Pfeffer

Das Kichererbsenmehl in eine Schüssel geben und eine Mulde in das Mehl drücken. Nach und nach Wasser hineingießen und sorgfältig verrühren. Salz und Öl hinzugeben und den Teig für 4 bis 12 Stunden ruhen lassen. Nach der Ruhezeit mit einem großen Löffel den Schaum abschöpfen, der sich eventuell an der Oberfläche gebildet hat und den Teig erneut verrühren. Anschließend in eine gefettete, möglichst flache und breite Ofenform geben. Traditionell wird hierfür eine runde Form verwendet. Im Ofen bei 220 °C ca. 20 Minuten backen bis die Oberseite goldbraun und etwas knusprig ist. Mit frisch gemahlenem, schwarzem Pfeffer bestreuen oder mit feinen Speck-, Schinken- oder Käsestreifen belegen und warm servieren.

ab S. 18: Die traditionelle Pizzazubereitung in Italien – eine echte Meisterleistung; Straßenverkäufer bieten in Neapel die unterschiedlichsten frittierten Leckereien an.

schiedlichster Form und Geschmacksnuancen wie Brot, Pizza, *Focaccia* oder *Brioches* zaubern! Im gesamten Mittelmeerraum erfüllt der betörende Duft der im Holzofen gebackenen Köstlichkeiten Gassen und Plätze und verbreitet sich von den Tischen der unzähligen Restaurants über die gesamte Stadt. Bei der Zubereitung der lukullischen Spezialitäten bedient sich die mediterrane Küche dabei des gesamten Repertoires regionaler und landestypischer Produkte: Tomaten, Gemüse, Mozzarella, Olivenöl, Fleisch und Fisch.

Die unbestrittene „Königin" dieser allseits beliebten Ofengerichte ist und bleibt die Pizza. Ob als Pizzastück zum Mitnehmen oder als Hauptgericht im Restaurant, einfach belegt oder gefüllt, dünn, dick oder mit besonders hohem Rand – die Pizza hat sich in der ganzen Welt einen Namen gemacht! Doch selbst, wenn man sie heutzutage fast überall findet, hat man doch etwas verpasst, wenn man noch nie in den Genuss einer ofenfrischen, noch dampfenden Pizza gekommen ist, die man in Italien praktisch an jeder Ecke an einem

der unzähligen Straßenstände kaufen kann. Ein besonderes Bild bietet sich in Neapel, wo sich praktisch rund um die Uhr lange Schlangen vor den winzigen Pizzerien bilden, die *pizza a portafoglio* zum Mitnehmen anbieten. Die runde und – wie die italienische Bezeichnung verrät – in Form einer Tasche gefaltete Pizza ist ein ganz besonderes Geschmackserlebnis. Ihre spezielle Form macht die *pizza a portafoglio* zum perfekten Snack während des Stadtbummels – und das ganz ohne Kleckern! Das gibt es einfach nur in Neapel …

Baguette und Brotspezialitäten mit Sesam, Oliven oder aus Vollkorn auf einem Markt in Südfrankreich; *Pizza al tegamino*: die knusprige und würzige Pizza aus der Ofenform.

Je nördlicher man reist, umso breiter wird das Angebot an unterschiedlichen Pizza-Varianten. Hierzu wird der Grundteig der Pizza mit regionaltypischen Produkten kombiniert und ergibt so schmackhafte Abwandlungen des beliebten Gerichts. An den Straßenständen, die *pizza al taglio*, also „Pizza in Stücken" anbieten, werden von einem großen Pizzablech einzelne, rechteckige Stücke herausgeschnitten und dem Gast auf einer Serviette gereicht. So lässt sich die Pizza problemlos aus der Hand essen, vorausgesetzt man hat sich für einen der zahlreichen, leckeren Beläge entschieden. Und bei der großen Auswahl hat man die Qual der Wahl: Tomate, Mozzarella, Sardinen, Oliven, Thunfisch, gegrilltes Gemüse, Würstel, Wurst- oder Schinkenaufschnitt.

Die regionale Spezialität von Genua heißt *Focaccia*: ein helles, daumenbreites Fladenbrot, das ausschließlich mit Olivenöl und grobem Salz gewürzt wird. *Focaccia* schmeckt zu jeder Tageszeit, besonders gerne wird sie jedoch morgens – auf dem Weg zur Schule oder zum Arbeitsplatz – zum Cappucino gegessen.

Unweit von Genua liegt das Städtchen Recco, das seiner Variante der *Focaccia* sogar einen eigenen Namen gegeben hat. Die *focaccia di Recco* wird ohne Hefe zubereitet, dafür aber mit der Käsesorte Crescenza verfeinert. Der geschmolzene Käse wird dabei entweder direkt auf die *Focaccia* gegeben oder zwischen die beiden hauchdünnen Schichten der schmackhaften Spezialität gefüllt. Die *focaccia di Recco* wird gegessen, sobald sie aus

Piadina romagnola: die berühmte Brotspezialität aus der Emilia Romagna, Bologna, Italien; Blick auf eine Crêperie in den Straßen von Lyon, Frankreich.

dem Ofen kommt. Auch wenn sie heiß am besten schmeckt, sollte man etwas vorsichtig sein und darauf achten, dass an den Seiten kein geschmolzener Käse herausläuft.

Die rustikalen Teigfladen, die als regionale Spezialität der Emilia Romana gelten, heißen *piadina* und sind noch etwas dünner als die *Focaccia*. Ursprünglich stammt die *piadina* wohl aus dem Apennin. Von hier aus startete sie ihren Erfolgszug und avancierte dann, später auch in anderen Städten Italiens zum beliebten Leckerbissen für unterwegs. Heutzutage findet man die kalt oder warm erhältliche Brotspezialität (sehr zu empfehlen ist die Kombination aus Käse und Schinken) nicht mehr nur an Straßenverkaufsständen, denn inzwischen haben sich die *piadine* zum beliebten „Partysnack" gemausert und werden zu diesem Anlass besonders gerne zu einem guten Glas Rotwein gereicht.

Ein Produkt darf an dieser Stelle nicht unerwähnt bleiben: Brot. Und welche Stadt ist Inbegriff des „Brotstöckchens"? Richtig. Paris. Ein belegtes *Ba-*

guette ist für die Pariser und für Touristen aus aller Welt der Mittagssnack schlechthin. So kann man sich für ein traditionelles Baguette mit Brie oder etwa für eines mit Thunfisch, Ei, Tomaten und Salat entscheiden. Zu Shrimps und Avocado wird ein Stück frisches, lediglich mit Butter bestrichenes Baguette zum echten Gaumenschmaus. Wenn Sie wissen möchten, wo Sie die besten Baguettes bekommen, schauen Sie einfach, vor welcher der berühmten Pariser Bäckereien sich die größte Warteschlange bildet.

Kebab, Gyros und Shawarma

Obwohl die türkische Küche bereits zur Zeit des Osmanischen Reiches einen gewissen Einfluss auf die europäische Kochkunst hatte, führte letztlich der Einzug des *Döner Kebabs* in den 1970er Jahren dazu, dass auch das westliche *Fast Food* immer deutlicher von kulinarischen Elementen der morgenländischen Küche geprägt wurde. *Döner Kebab* – das sind in verschiedenen Gewürzen marinierte Fleischstücke vom Kalb, Lamm oder Huhn, die schichtweise auf einen großen Drehspieß gewickelt und vor einem heißen Grill gebraten werden. Anschließend wird das Fleisch – meist von einem einheimischen Verkäufer, der diesem Schauspiel mit der entsprechenden Gestik und Mimik die passende Atmosphäre verleiht – mit einem sehr scharfen Messer vom Spieß geschabt und mit Tomaten und Zwiebeln in Pita-Taschen gefüllt oder in Fladenbrot gewickelt. Je nach Region kann man zwischen verschiedenen Soßen wählen.

In Griechenland wird diese Speise mit Schweinefleisch und verschiedenen Gewürzen zubereitet und heißt hier *Gyros*. Mittlerweile gibt es eine Vielzahl von Varianten des schmackhaften Fleischge-

richtes. Sie alle haben ihren Ursprung – zumindest der Legende nach – in den weiten Steppen Zentralasiens, wo die Soldaten die Angewohnheit hatten, kleine Fleischstücke auf die Klingen ihrer Schwerter zu spießen und diese dann über dem Feuer zu braten. Bevor die Fleischspezialität sich in der Türkei als „Fast Food" etabliert hat, gab es *Kebab* (mit Fleisch) oder *Shish kebab* (mit Hack-

fleisch), das als Spieß mit Gemüse auf dem Grill gebraten und mit einem Stück Fladenbrot serviert wurde. In der Türkei bekommt man den *Kebab* heute im „Imbiss" (ein etymologisch aus dem Althochdeutschen stammender Begriff). Wenn sie im südöstlichen Teil des Mittelmeerraumes einen *Kebab* bestellen, erhalten Sie allerdings eine Art länglichen Fleischkloß. Hier

heißen die mit Fleisch belegten Fladenbrote, die mit einer Sesampaste (*Tahin*) serviert und in Papier eingewickelt serviert werden, *Shawarma*. Die besten *Shawarma* bekommt man wohl in Damaskus rund um Bab Tama, dem christlichen Teil der Stadt, während in Europa die deutsche Hauptstadt Berlin als Hochburg für *Döner Kebab* gilt.

Olivenöl, Ei und Teig: die mediterrane
Vielfalt an frittierten Köstlichkeiten

ab S. 26: Olivenölherstellung in einer Mühle bei Tourtour, Frankreich; Frittierte Kartoffelecken, Garnelen und Falafelbällchen – schmackhafte Snacks für zwischendurch.

Der Duft und Geschmack von frittierten Speisen ist einfach unwiderstehlich. Was wäre ein Bummel über den Markt des Campo de' Fiori, im Herzen des historischen Roms, wenn man dabei auf regionale Delikatessen wie frittierten Stockfisch oder frittierte, mit Mozzarella und Sardellen gefüllte Zucchiniblüten verzichten müsste? *Supplì al telefono* ist eine weitere Spezialität, die man hier genießen kann. Das sind mit Mozzarella gefüllte,

frittierte Reiskroketten, wobei der Zusatz *al telefono* auf die „Telefonschnüre" aus Mozzarella anspielt, die beim Aufbrechen oder Abbeißen der schmackhaften Kroketten entstehen. Und nicht zu vergessen die frittierten Reisbällchen *arancini*. Für beide Gerichte entsteht aus gekochtem Reis und weiteren Zutaten eine Masse, aus der bei den *supplì* ovale Kroketten und bei den *arancini* kleine Bällchen geformt werden. Zu den *supplì* wird

häufig eine Soße gereicht, während man die *arancini* mit Erbsen füllen kann und für gewöhnlich ohne Soße isst.

Auch auf der anderen Seite des Mittelmeers erfreuen sich die frittierten Leckerbissen enormer Beliebtheit und bei der kulinarischen Vielfalt sind keine Grenzen gesetzt. In den Gassen des berühmten Marktes Khan al Khalili in Kairo werden köstliche Falafelbällchen ausgebacken und in

Frittierter Fisch in einem Imbiss in Alexandria, Ägypten; Reiskroketten (*suppli*) in den Straßen von Neapel, Italien.

Khobz – arabisches Fladenbrot ohne Hefe – serviert. Während die Bällchen für die *Falafel* auch im Libanon, in Israel, Palästina, Jordanien und Syrien aus Kichererbsenmehl zubereitet werden, besteht die ägyptische Variante, die im lokalen Dialekt *Tameya* genannt wird, aus einer Paste aus dicken Bohnen und Petersilie. Begleitet wird die *Falafel* jedoch in allen Ländern von der orientalischen Sesampaste *Tahin*.

Die in Italien wohl beliebteste frittierte Spezialität stammt aus Ascoli Piceno, der am Meer gelegenen Hauptstadt der italienischen Region Marken: frittierte Oliven nach Ascolaner Art. Die delikaten grünen Oliven der Sorte „Tenera Ascolana" haben eine lange kulinarische Vergangenheit und ihr besonderer Geschmack wurde schon von römischen Dichtern gepriesen. Für die Zubereitung der beliebten Speise werden die großen

Oliven vom Kern befreit und mit einer Paste aus Kalbs-, Schweine-, Hühner- und Truthahnhackfleisch sowie Parmesan befüllt. Anschließend werden die Oliven in Mehl und Paniermehl gewendet und dann in heißem Öl frittiert.

Als Zwischenmahlzeit für unterwegs erhält man die frittierten Oliven meist in kleinen Tüten aus Strohpapier. Begleitet werden die Oliven nach Ascolaner Art häufig von einer weiteren, in der

Der Markt Djemaa el Fna in Marrakesch, Marokko

Das Bild, das sich einem beim Anblick des bunten Treibens auf dem berühmtesten Platz von Marrakesch bietet, ist fast zu schön, um wahr zu sein. Der in Form eines Dreiecks angelegte Platz, der im Jahr 2008 in die Liste des UNESCO-Weltkulturerbes aufgenommen wurde, ist ein pulsierender Ort orientalischer Geschichtenerzähler, Schlangenbeschwörer und Gaukler. Als erstes finden sich hier morgens die bunt bekleideten Wasserverkäufer ein. Schon bald tauchen die ersten fahrenden Händler auf, die Orangen und Grapefruit verkaufen. Richtig „geschlemmt" wird hier jedoch erst, wenn die Dämmerung hereinbricht. Dann werden rund um die Marktpavillons Lichter angezündet, die Köche greifen zu den Pfannen und die Liebhaber des guten Geschmacks drängen sich um die Kochstellen, von denen ein köstlicher Duft von Gebratenem ausgeht und schon bald den gesamten Platz erfüllt. An nahezu jedem Stand wird man eingeladen, etwas zu probieren, ein „Nein, danke!" wird hier nur selten akzeptiert. Also genießt man, im Stehen oder Sitzen, Delikatessen wie Schafskopf oder Teigtaschen mit Kartoffeln (*brik*). Ein Abend auf dem Djemaa el Fna: ein unvergessliches Erlebnis!

Arancini (frittierte Reisbällchen)

Ob im Sommer als schneller Happen für zwischendurch oder als wärmende Wegzehrung während der kalten Wintermonate – der schmackhafte Straßenimbiss erfreut sich in ganz Italien großer Beliebtheit. Als köstliche Resteverwertung wurden *Arancini* früher meist aus dem übrig gebliebenen Risotto vom Vortag gefertigt.

Zutaten für 15 Arancini:
500 g Reis, 350 g Parmesan, Hackfleisch, 1 Zwiebel, 150 g Erbsen (eingeweicht), 250 g passierte Tomaten, 150 g Käse (z. B. Caciocavallo), 3 Eier, 400 g Paniermehl, Olivenöl, Bratöl, Salz und Pfeffer

Für die Zubereitung der Soße Olivenöl, gehackte Zwiebel, Hackfleisch, Erbsen und passierte Tomaten in eine Pfanne geben und 30 Minuten einkochen lassen. Reis in Salzwasser kochen und abgießen. Geriebenen Parmesan und ein Ei unterrühren. Aus der Reismasse mandarinengroße Bällchen formen. Vertiefung in die Bällchen drücken und mit einem Esslöffel der zubereiteten Soße und etwas Käse befüllen. Wieder zu Kugeln verschließen und in aufgeschlagenem Ei und Paniermehl wälzen. Bällchen in einer Pfanne mit hohem Rand einzeln ausbacken und heiß servieren.

Köstlichkeiten für jeden Geschmack: Gebäckspezialitäten wie *sfogliatelle* in einer neapoletanischen Frittierstube und Oliven nach Ascolaner Art mit unterschiedlichen Füllungen.

Zubereitung jedoch weitaus weniger aufwendigen Spezialität. Die Rede ist von *pasta cresciuta*, frittierten Hefeteigteilchen, in deren Zubereitung sich besonders die neapolitanische Küche einen Namen gemacht hat. Wie beliebt die leckeren Hefeteigteilchen sind, beweist der große Andrang, der um die Nachmittagszeit – etwa in Posilippo, einem auf dem Hügel gelegenen Ortsteil von Neapel – vor den Frittierstuben herrscht. Die Zubereitung der *pasta cresciuta* ist einfach: aus Mehl, Hefe, Wasser und etwas Salz werden kleine Teigkugeln geformt, die sich beim Frittie-

ren schon bald in vorzüglich duftende Leckereien verwandeln. Serviert werden diese dann in einer mit Salz bestreuten Alufolie.

Zeppole, die süße Variante des neapolitanischen Hefegebäcks, gibt es nur an Weihnachten. Wem schon vorher nach Süßem gelüstet, der wird sein Glück etwa an der Adria finden, wo zur Karnevalszeit der herrlich süßliche Duft frischer Krapfen (*fritoe*) die Gassen Venedigs erfüllt. Oder man begibt sich an eine der kroatischen Hafenstädte, wo man in den kleinen Gassen *fritule*, ein frittiertes Hefegebäck schlemmen kann, das mit Rosinen,

Pinienkernen, Vanille, Brandy, einem Schuss Zitrone und einer Prise Muskatnuss zubereitet wird. Mit einem Schwenk an die spanische Küste kehren wir zu einer salzigen Variante, den spanischen *croquetas*, zurück und beenden damit unsere Reise durch die Welt der frittierten Köstlichkeiten. Für die *croquetas* werden Stückchen von Schinken, Gambas, Gemüse, Hühnchen oder Kalamares mit einer Béchamelsauce vermengt. Daraus werden dann kleine Bällchen geformt, die anschließend frittiert und zum Aperitif als warme Tapas gereicht werden.

„Schleckereien"…

Die Herstellung von hochwertigem Speiseeis erfordert viel Geduld und Finesse; Obstsalat mit Wassermelone, Pfirsich, Aprikose, Erdbeere und Melone: besonders im Sommer eine köstliche Erfrischung!

Der Eisverkäufer: sein Anblick lässt vom Orient bis in den Okzident die Kinderherzen höher schlagen. Wenn man Menschen aus der ganzen Welt fragen würde, welches Bild sie als erstes mit der beliebten Süßspeise assoziieren, wäre dies wohl das eines klassischen Eiswagens, in der Regel also ein weißes Fahrzeug mit großen Rädern, einem geöffneten Schirm und großen Behältern, in denen die unterschiedlichsten Sorten von Eis aufbewahrt werden.

Speiseeis ist weltweit wohl die berühmteste und beliebteste Süßspeise für warme Sommertage. Das cremige und erfrischende Dessert zum Mitnehmen wird meist in der Waffel oder im Becher angeboten.

Seit 1935 gibt es allerdings auch Eis am Stiel. Domenico Pepino gilt als Erfinder des „Pinguino", ein mit einer hauchdünnen Schicht aus Schokolade überzogenes Eis mit Vanillekern, das am Stiel gegessen wird. Seinen Namen hat das Eis dem braun-weißen Farbenspiel aus süßem Vanille- und angenehm herben Schokoladeneis zu verdanken.

Auch Wassereis gibt es mittlerweile am Stiel. So lässt sich die üblicherweise in Form eines Eisgetränkes servierte Spezialität aus zerstoßenem Eis und Fruchtsaft oder -sirup (*granita*) auch unterwegs genießen. Am bekanntesten ist sicherlich die klassische Zitronen-Granita. In Sizilien, wo die beliebte Erfrischung herkommt, gibt es diese

Eis in allen Varianten gibt es im Sommer in Italien fast an jeder Straßenecke, im Herbst werden heiße Maronen als Leckerei angeboten.

auch in den Geschmacksrichtungen Mandel, Pistazien, Maulbeere und Mandarine und wird dort entweder aus dem Glas oder traditionell auch auf *Brioche* gegessen.

In Rom gilt die Kaffee-Granita mit Sahne als besondere Spezialität. Vor den Kaffeeröstereien in der Altstadt stehen die Menschen Schlange, um in den Genuss der berühmten *Granita* zu kommen. Das Warten lohnt sich, denn der Kontrast der süßlichen Sahne und des herben Kaffees ist

ein wahres Fest für die Sinne. Im heißen Sommer Roms kann man an Straßenständen die „einfache" Variante der *Granita*, *grattachecche*, kaufen. Sie besteht aus zerstoßenem Eis, das in einem Becher serviert und mit einem süßen Fruchtsirup übergossen wird – eine herrliche Abkühlung bei einem Stadtbummel.

Auf der anderen Seite der Mittelmeerküste wird auf dem Souk von Damaskus das Eis in tiefen Behältern aus Aluminium noch von Hand gerührt –

ein wirklich sehenswertes Schauspiel. Das Ergebnis ist eine herrlich cremige Eismasse, die in der Waffel oder im Plastikbecher serviert, zuvor aber noch mit einer gekonnten Bewegung des Pâtissiers in einen Berg gehackter Pistazien getaucht wird – ein himmlischer Genuss!

Die spanische Spezialität *churros*, eine Art länglicher Krapfen aus Fettgebackenem, hat es über den Ozean bis nach Mexiko geschafft und wurde dort um eine Zutat ergänzt, die die Süßspeise zu

Churros und heiße Trinkschokolade: in Spanien ein beliebter Snack; gekühlte Fruchtshakes zum Mitnehmen – die perfekte Erfrischung an heißen Sommertagen.

einer wahren „Geschmacksbombe" macht: Schokolade. In die noch heiße Trinkschokolade getunkt, schmecken die frisch gebackenen Krapfen geradezu göttlich. In Spanien werden *churros* an speziellen „Churros-Ständen" verkauft, die man in jeder Stadt auf großen Plätzen, an Straßenecken und auf Märkten finden kann. Der Teig für die *churros*, der aus Mehl, Zucker, Öl und Salz besteht, wird in eine spezielle Churros-Form gegossen. Auf diese Weise entstehen fein gerippte, längliche

Krapfen, die anschließend in heißem Öl ausgebacken werden. Wenn sie nicht gerade in eine heiße Tasse Trinkschokolade getunkt werden, bestreut man sie auch gerne mit großen Mengen Puderzucker. *Churros* werden zu jeder Tageszeit gegessen – als Stärkung nach einer durchgefeierten Nacht schmecken sie jedoch ganz besonders gut …
Wenn es auf den Winter zugeht, sieht man zwar wieder Kinder, die begeistert auf einen Wagen zu rennen, der Süßspeisen verkauft, doch zu dieser

Jahreszeit handelt es sich nicht mehr um den Eissondern um den Zuckerwattenverkäufer. Jetzt lässt rosafarbene und weiße Zuckerwatte die Kinderaugen leuchten. Voller Faszination verfolgen sie, wie sich die Zuckermasse in der Maschine dreht, der Verkäufer am Ende die fertige Zuckerwatte hervorzaubert und ihnen das süße Nichts, um einen Holzstab gewickelt, reicht. Im Hintergrund die Eltern, die sich mit einer Portion heißer Maronen aufwärmen …

Die mediterrane Aperitif-Tradition

Die Aperitifstunde ist fester Bestandteil des mediterranen Lebens. In vielen Dörfern und Städten werden dabei ganz spezielle Traditionen gepflegt.

Ab 19 Uhr erwacht in den mediterranen Straßen die „movida". Der Begriff beschreibt jene zwei Stunden am frühen Abend, in denen sich Jung und Alt vor den angesagtesten Lokalen der Stadt zum gemeinsamen Aperitif versammeln. In vielen Städten Norditaliens, insbesondere in Mailand und Turin, ist diese Aperitifstunde fester Bestandteil des städtischen Lebens. Turin war auch der Ort, an dem Antonio Benedetto Carpano vor 200 Jahren

seinen ersten Wermut kreierte. Der mit unterschiedlichen Kräutern und Gewürzen aromatisierte Wein wurde am Abend gerne in Begleitung von salzigen Appetithäppchen gereicht. Das Angebot wurde in den folgenden Jahren immer vielfältiger und schon bald wurden die köstlichen Happen – auf großen Platten angerichtet und äußerst einladend präsentiert – zum wesentlichen Bestandteil des frühabendlichen Aperitif-Rituals. So sieht man

zur Aperitifstunde Trauben von Menschen vor den Lokalen stehen, in der einen Hand einen Cocktail und in der anderen einen der pikanten Leckerbissen. Die Auswahl der Appetithäppchen ist groß und reicht von kalten Pastasalaten, die mit Gemüse, Thunfisch und Mais verfeinert werden über Reissalat, pikanten Gemüsekuchen (*torta pasqualina*), Wurst und Käse, kaltem und warmem Gemüse bis hin zu Staudensellerie-Stangen, die

TAPAS

GAZPACHO
ENSALADAS
EMPAREDADOS
SALCHICHAS
HUEVOS FLAMENCA
CARNE IBERICA
TORTILLA ESPAÑOLA
GAMBAS REBOZADAS
ESPINACAS

In einer spanischen Straßenkneipe gönnen sich die Gäste zum Aperitif Bier und verschiedene Tapas.

entweder in einer Salatsoße aus Öl, Pfeffer und Salz angemacht oder aber mit Käse überbacken werden. Dort, wo das Mittelmeer auf die Alpen trifft und Italien an Österreich grenzt, legt man weniger Wert auf einen Aperitif und trinkt lieber ein gutes Glas Wein. Im Freien wird auch gerne ein Glas *Spritz* geschlürft – ebenfalls ein Getränk mit Geschichte, von dessen ursprünglicher Geheimrezeptur man heutzutage meist nur zwei Zutaten kennt: Mineralwasser und die Fantasie des Barkeepers.

Weiter westlich wird die zweite Hälfte des Tages noch intensiver genutzt als andernorts. Dies wirkt sich auch auf die Aperitif-Angewohnheiten aus und so kommt es, dass sich das *ir de tapeo*, was soviel heißt wie „das Herumziehen von einer Tapasbar in die nächste", vor allem im Sommer, oft bis in die späte Nacht hinzieht. *Tapas*, das waren früher Oliven und Nüsse, die als kleine Knabberei zum Wein gereicht wurden. Inzwischen versucht man sich – mehr oder minder erfolgreich – in

den unterschiedlichsten Tapas-Kreationen. Die beliebten Appetithäppchen, die in den letzten Jahren zu einem wahren Exportschlager avancierten, bekommt man heute fast überall. Doch woher stammt eigentlich die Bezeichnung *tapas*? Im 19. Jahrhundert bezeichnete *tapas* einen Deckel, der beim Servieren als Schutz des Getränks und als Untersetzer diente, aber vor allem für die zu den Getränken gereichten Speisen und Knabbereien verwendet wurde.

Granita

Das köstliche Eisgetränk aus Italien ist im Sommer die perfekte Erfrischung für zwischendurch. In Rom gilt dabei die Kaffeevariante als besondere Spezialität. In den letzten Jahren hat sich zwischen den Cafés sogar ein regelrechter Wettstreit um den Titel der besten Kaffee-Granita der Stadt entwickelt. In den unterschiedlichsten Varianten erfreut sich das schmackhafte Kaltgetränk jedoch auch in anderen Regionen Italiens großer Beliebtheit. Sizilien beispielsweise ist bekannt für seine köstliche Zitronen-Granita. Für eine besonders cremige Konsistenz des Eisgetränks empfiehlt es sich, eine Sahneschicht in das Glas zu füllen, bevor man die restlichen Zutaten hineingibt.

Zutaten für 4 Personen:
150 g Zucker, 500 ml Wasser, 360 ml Kaffee, Schlagsahne

Zucker in Wasser auflösen. Anschließend Kaffee hinzugeben. Getränk in ein Behältnis füllen und für mindestens zwei Stunden ins Eisfach stellen. In regelmäßigen Abständen umrühren. In ein hohes Glas füllen, mit einer Schicht Schlagsahne bedecken und servieren.

Valencia, Spanien

Valencia ist eine faszinierende Stadt, und nicht nur für Kunst- und Kulturliebhaber. In der Heimatstadt der *Paella*, der *Horchata* – einem erfrischenden Getränk aus Wasser, Zucker und Erdmandeln – und des äußerst beliebten *Agua de Valencia*, einem Mischgetränk aus spanischem Cava, frisch gepresstem Orangensaft und weiteren Zutaten, spielt sich das gesamte Leben im Freien ab. Sobald die ersten wärmenden Sonnenstrahlen den nahenden Sommer ankündigen, drängt es die Bewohner der Stadt aus ihren Häusern auf die Straße, wo sie sich in einem der über 8000 Lokale, die sich in der Stadt und entlang des Meers befinden, den leiblichen Genüssen hingeben.

Doch das ist nicht alles, was die Stadt kulinarisch zu bieten hat: mitten im Zentrum, gegenüber dem berühmten Prachtbau der Seidenbörse, der Lonja de la Seda, liegt der „Mercado Central". Die beeindruckende Konstruktion aus Eisen mit ihrer Fassade aus bunt bemaltem Glas und wunderschönem Mosaik beherbergt 959 Marktstände, an denen man alle erdenklichen Sorten von Obst und Gemüse kaufen kann. Besonders erwähnenswert ist die riesige Auswahl an unterschiedlichen Fischsorten aus dem Mittelmeer – seit vielen Jahrhunderten wichtigste Einnahme- und Nahrungsquelle für die Stadt und ihre Bewohner.

Paella

Das berühmteste Gericht der spanischen Küstenregion erfreut sich auch international großer Beliebtheit. Heute gibt es die *Paella* in den verschiedensten Varianten, etwa mit Fisch, Meeresfrüchten oder unterschiedlichen Arten von Gemüse. Ursprünglich bestand das Gericht allerdings aus ganz einfachen Zutaten und diente eher der praktischen Verwertung übrig gebliebener Essensreste. Unabhängig davon, ob die *Paella* nun mit Fleisch, Fisch oder Gemüse zubereitet wird, der rundkörnige Reis aus der Provinz Valencia darf auf keinen Fall fehlen.

Zutaten für 8 Personen:
600 g weißer Rundkornreis, 1 Huhn und 1 Kaninchen, in Stücke gehackt, 14 Schnecken, 300 g grüne Bohnen, 200 g *garrofónes* (flache, weiße Bohnenkerne), 2 Artischocken, 1 Tomate, 1 Teelöffel mildes Paprikapulver, Safran, 250 ml Olivenöl, 1½ l Wasser, Salz, Rosmarin, 1 Zitrone

Grüne Bohnen, *garrofónes,* Tomaten und Artischocken waschen. Die äußeren, festen Blätter der Artischocken entfernen, den Rest in kleine Stücke schneiden und das Artischocken-Heu herauslösen. Das Öl in einer breiten Pfanne (am besten aus Eisen) erhitzen, Hühnchen- und Kaninchenstücke dazu legen, nach einigen Minuten die Bohnen, *garrofónes,* Artischocken und die Tomate hinzugeben. Kurze Zeit später das zuvor in etwas warmem Wasser aufgelöste Gemisch aus Paprikapulver und Safran in die Pfanne gießen. Bei großer Hitze für 15 Minuten kochen lassen. Weinbergschnecken und zum Schluss den Reis hinzugeben. Immer wieder Wasser nachgießen. Kurz vor Ende der Kochzeit Rosmarin untermischen und vor dem Servieren wieder entnehmen. Mit Scheiben einer unbehandelten, gewaschenen Zitrone garnieren.

Europa

ab S. 44: Fischsuppe als wärmende Zwischenmahlzeit an der Nordsee; Imbiss an einem Kanal in Kopenhagen, Dänemark; Pommes Frites mit Mayonnaise im winterlichen Brüssel, Belgien.

Überfüllte Straßen und verlassene Plätze: der „Alte Kontinent" begeistert durch spannende Kontraste und Analogien.

In Nord- und Mitteleuropa, wo sich frostige Winter mit sonnenverwöhnten Sommern abwechseln, wird das vielfältige Speisen- und Getränkeangebot von Straßenständen und Lokalen im Freien meist um die Mittagszeit oder auch nur für einen Imbiss genutzt. Im Winter wärmen sich die Menschen hier gerne an einem der Verkaufsstände mit einem heißen Getränk auf, im Sommer genießen sie während des Essens die wohltuenden Sonnenstrahlen. Die mittel- und nordeuropäische Küche ist äußerst abwechslungsreich und bietet neben zahlreichen fremdländischen Gerichten auch eine breite Auswahl an einheimischen Spezialitäten, bei denen traditionelle Zutaten auf fantasievolle Weise miteinander kombiniert werden. Inzwischen hat das facettenreiche kulinarische Angebot auch in diesem Teil der Erde Straßen und Plätze erobert. Im Winter stehen dabei insbesondere kalorienreiche Leckereien auf dem Speiseplan. Auch an den kältesten Tagen lassen es sich viele nicht nehmen, an die Luft zu gehen und sich unterwegs eine stärkende Kleinigkeit zu gönnen. Wenn sich der Winter schließlich verabschiedet und die ersten wärmenden Sonnenstrahlen den Sommer ankün-

Mobiler Verkaufsstand mit gekochten Maiskolben in einem Park in Sofia, Bulgarien; Erdbeeren mit Schokoladenüberzug: diese Delikatesse findet man nur in ausgewählten Konditoreien.

digen, füllen sich Straßen und Plätze mit Menschen, um die schönste aller Jahreszeit unter freiem Himmel zu feiern.

So deftig das *Streetfood* im Winter auch ist, so leicht ist es im Sommer. In den kalten Monaten finden sich vor allem Meeresfrüchte und Fischgerichte auf den Tellern, während in der Hitze des Sommers der

frische Geschmack von Waldfrüchten und Erdbeeren die Gaumen verwöhnt. In Frankreich wird im Winter zu Fisch und Meeresfrüchten gerne Calvados getrunken, der berühmte Cidrebrand aus der Normandie und der Bretagne, der aus frischem Apfelmost vergoren wird. Auch die köstlichen Käsesorten aus diesen Regionen schmecken jetzt be-

sonders gut. Der berühmteste Straßensnack in England ist eindeutig *fish & chips*. Ein aus Papier gefaltetes Körbchen und eine Holzgabel – mehr braucht es nicht, um die berühmten frittierten Fischstückchen genießen zu können. Der Backteig, der das Fischfilet umgibt, wird mitunter noch mit Bier oder mit Milch verfeinert. Je nach Laune des Kochs kön-

Erlesene Auswahl an Muscheln auf dem historischen Fischmarkt in Brüssel, Belgien. Die berühmten *Halles du marchés au Poisson* auf der Place Sainte Catherine gibt es bereits seit 1884.

nen also Farbe und Geschmack der *fish & chips* leicht variieren, was ihrer Popularität jedoch keinerlei Abbruch tut.

Wenn es wärmer wird, bringen Waldfrüchte und Erdbeeren Farbe in das sommerliche Leben. Auf den Märkten gibt es sie jetzt in Hülle und Fülle. Die im Sonnenlicht glänzenden Früchte, in de-

nen sich die Farben der rot, grün oder blau gestrichenen Holzhäuser wiederholen, bieten den Marktbesuchern einen äußerst reizvollen Anblick. Da aber jeder Sommer auch sein Ende hat, die Tage bald schon wieder kürzer werden und man auch während der langen Herbst- und Wintermonate noch Freude an den farbenfrohen

Früchten haben möchte, beginnt man damit sie zu konservieren. Hierzu werden Blau-, Preisel-, und Himbeeren in kleine Einweckgläser gegeben und für die kalten Tage aufbewahrt. Im Winter kommen sie dann als köstliche Beilage zu Süßspeisen, aber auch als schmackhafte Marmelade oder in anderen Varianten auf den Tisch.

Kartoffeln?
Gerne auch zu Fisch …

Auf dem Marktplatz von Helsinki, Finnland, kann man frisch zubereiteten Fisch mit oder ohne Kartoffelbeilage genießen.

Die Kartoffel und Mitteleuropa verbindet eine lange Geschichte. Seit die Kartoffel vor vielen Jahrhunderten über den Ozean nach Europa kam, hat sie die Ernährungsgewohnheiten beeinflusst und ist bis heute fest im Speiseplan verankert. Nehmen wir zum Beispiel Belgien: wenn man einmal von den mit Zucker bestreuten oder mit Schokoladensauce verfeinerten *gaufres* (Waffeln) absieht, sind die belgischen Fritten mit Mayonnaise die typischste Spezialität des Landes.

In jedem europäischen Land gibt es mindestens ein Gericht, bei dem die Kartoffel eine tragende Rolle spielt. Das beste Beispiel hierfür sind wohl die berühmten *fish and chips* aus Großbritannien. Im ganzen Land rühmen sich Pubs, das beste Geheimrezept für den köstlichen Backteig zu haben, in dem die Fischfiletstücke frittiert werden. Seine heutige Popularität hat der „Nationalsnack" unter anderem auch den *chippies* zu verdanken – diese Imbisse, die sich teilweise sogar in Fast-Food-Ketten organisiert haben, sind über das ganze Land verstreut.

Die Verbindung von *chips* oder *frites* mit Fisch ist in ganz Europa eine absolut klassische Kom-

Der Markt von Whitstable in der englischen Grafschaft Kent ist berühmt für seine frischen Austern; Lachs und Shrimps auf dem Fischmarkt *(Fisketorget)* in Bergen, Norwegen.

bination. Doch je nördlicher man reist, desto häufiger findet man den Fisch auch ohne diese Beilage auf der Speisekarte. Bei einem morgendlichen Bummel durch die wunderschönen Kontore Bryggen im norwegischen Bergen, wo täglich der berühmte Fischmarkt *Fisketorget* stattfindet, kann man sich davon überzeugen, wie beliebt frischer Fisch hier ist. Auf den Marktständen verführen Unmengen von Meeresfrüchten Einheimische und Besucher zum Kauf und dienen den begeisterten Touristen als beliebtes Fotomotiv. Auch in den Küstenorten der Normandie und der Bretagne steht Fisch häufig auf dem Speiseplan. Das kleine Städtchen Cancale ist besonders für seine Meeresfrüchte bekannt und gilt als Austern-Metropole der nördlichen Bretagne. Immer wieder hört man das charakteristische Knacken, das entsteht, wenn an einem der Tische Austernschalen geöffnet werden und die Meeresfrüchte ihr edles und schmackhaftes Inneres preisgeben. In den zahlreichen Restaurants im Hafen kann man die fangfrische Delikatesse schlürfen und dabei den herrlichen Blick auf das Meer genießen.

Spritz
In Italien (und ganz besonders in der Region Triveneto) ist der Spritz ein beliebter Aperitif. In Deutschland ist das erfrischende Getränk auch als Gespritzter oder als Weinschorle bekannt und wird – je nach Region – auf unterschiedlicher Alkoholbasis hergestellt.

Zutaten für eine Person:
40 ml Aperol, 60 ml Prosecco, Schuss Selters oder Soda, Eiswürfel, halbe Orangenscheibe

Eine Karaffe mit Eiswürfel füllen. Prosecco, einen Schuss Selters oder Soda und zuletzt Aperol dazugeben. Mit einer halben Orangenscheibe garnieren.

Donostia, Baskenland, Spanien

Viele kennen die im spanischen Baskenland gelegene Stadt nur unter dem Namen San Sebastiàn. In der Sprache der Einheimischen, Euskara, die zu den ältesten Sprachen des Alten Kontinents zählt, ist die Stadt unter dem Namen Donostia bekannt. Für Liebhaber guten Essens hält die Perle des Baskenlandes ein vielfältiges Angebot an typischen Spezialitäten der Landesküche bereit, die vor allem für ihre Fischgerichte und köstlichen Vorspeisen bekannt ist. Seit jeher sind alte Traditionen in der kulinarischen Kultur der Basken fest verankert. So gibt es hier beispielsweise bis heute die „Kochgesellschaften", bei denen sich Gruppen von Männern treffen, um gemeinsam zu kochen, über politische Themen zu diskutieren oder sich über alltägliche Dinge zu unterhalten. Frauen ist es strengstens untersagt, an diesen Gesellschaften teilzunehmen, sich an der Zubereitung der Speisen oder etwa an der gemeinsamen Mahlzeit zu beteiligen. Eine weitere Tradition, die bis heute gepflegt wird und auch das Stadtbild von San

Sebastiàn prägt, sind die Verkaufsstände, an denen man den frischen Fisch aus den umliegenden Fischerdörfern verkauft und verzehrt. Gastronomischer Höhepunkt an warmen Sommerabenden ist das so genannte *txikiteo*. Bei diesem Ritual schlendert man von Bar zu Bar, genießt ein Gläschen Wein (*txikito*) nach dem anderen und gönnt sich dazu *pintxo*, die köstlichen und mit viel Sorgfalt zubereiteten Leckereien, die heute auch gerne als Straßensnack angeboten werden. *Pinchos* ist die kastilianische Bezeichnung für „Spieße", denn ursprünglich wurden kleine Holzspieße verwendet, um das Brot und die Auflagen der *pinchos* zusammenzuhalten. Zu den beliebtesten Pincho-Auflagen zählen Schinken, Käse, Fisch, Oliven, Tortillastückchen und Paprika. Ein absolutes Muss auf einer *Txikiteo*-Tour durch San Sebastián ist ein Besuch der Kneipen, die sich rund um die Plaza de la Constitución reihen und in ihren Auslagen mit einer unglaublichen Vielfalt an schmackhaften Leckerbissen aufwarten. Doch Vorsicht! Auch wenn es sich nur um „kleine Happen" handelt, kann die Schlemmerei schnell teuer werden, denn schließlich hat Qualität auch ihren Preis!

Donostia ist nicht nur die kulinarische Hauptstadt der *txikitos*. Keine andere Stadt der Welt kann sich mit so einer großen Anzahl von Restaurants rühmen, die mit einem oder mehreren Michelin-Sternen ausgezeichnet sind.

Die kalorienreiche Welt der Wurst- und Schinkenspezialitäten

Ein Würstchen für unterwegs gefällig? Ob diese Frage tatsächlich zum ersten Mal im Berliner Bezirk Charlottenburg gestellt wurde, weiß niemand so genau. Berlin 1949: die Zeit des Wiederaufbaus und die Zeit der ersten Currywurst, bis heute einer der beliebtesten Straßensnacks in

BLANC au
CURRY
KG 15,90

ab S. 56: Bratwürste und Hot-Dog mit verschiedenen Soßen und Brötchen: die absoluten *Streetfood*-Klassiker!

Deutschland. Als Erfinderin der Currywurst gilt Herta Heuwer, die den Imbiss 1949 in Berlin-Charlottenburg zum ersten Mal verkaufte. Einem Zufall ist ihre kulinarische Entdeckung zu verdanken: So soll Herta Heuwer versuchsweise verschiedene Gewürze mit Ketchup und Worcestersoße gemischt und damit dann gegrillte und in Scheiben geschnittene Bratwürste aus Schweinefleisch bestrichen haben. In den folgenden Jahren wurde die Currywurst derart populär, dass sie

als Inspiration für Geschichten, Filme und sogar für eine wöchentliche Fernsehserie diente. 2009 feierte die Currywurst ihren 60. Geburtstag. Im selben Jahr eröffnete man in Berlin das Deutsche Currywurst-Museum – ein absolutes Phänomen, denn nur selten wurde einem Gericht so viel Ehre zu teil …

Eine weitere Spezialität bildet die kulinarische Verbindung zwischen Mitteleuropa und dem Balkan: die *Pastirma*. Erfunden wurde die Spe-

zialität in der türkischen Stadt Kayseri, von wo aus sie nach Ungarn und Rumänien und von dort, im Gepäck jüdischer Emigranten, bis in die USA gelangte. Dort ist sie heute unter dem Namen *Pastrami* bekannt. Der luftgetrocknete, gewürzte und in hauchdünne Scheiben geschnittene Rindfleischschinken, den man auf der Straße kauft, aber auch im Restaurant bestellen kann, erfreut sich heute im gesamten Balkan äußerst großer Beliebtheit.

Teig für süsse Crêpes

Diese hauchdünnen Eierpfannkuchen, die es in Paris an jeder Straßenecke zu kaufen gibt und die in der Bretagne traditionell mit Buchweizenmehl hergestellt werden, sind in ganz Europa zu einem beliebten Imbiss avanciert. Ob mit Marmelade oder Schokoladensoße gefüllt, oder auch nur mit etwas Zucker bestreut – die köstliche Spezialität ist aus der Welt der Straßenleckereien nicht mehr wegzudenken. Auch die salzige Variante, mit Schinken oder Käse gefüllt und gerne zu einem Glas Cidre genossen, ist ein absoluter *Streetfood*-Klassiker.

Für 12 Crêpes:
200 g Mehl, 2 Eier, ½ l Milch, 1 Päckchen Vanillezucker, 1 Esslöffel Rum, Butter, Salz

In einer Schüssel Mehl, Zucker und eine Prise Salz miteinander vermengen. Vorsichtig Milch dazugeben und mit einem Schneebesen zu einem homogenen Teig verarbeiten. Eier und Rum hinzugeben. Die Teigmasse verrühren und mit einer Frischhaltefolie abdecken und mindestens 30 Minuten lang ruhen lassen. In einer beschichteten Pfanne (ca. 20 cm Durchmesser) etwas Butter zerlaufen lassen und drei Löffel Teig hinein geben. Pfanne so lange schwenken, bis sich der flüssige Teig gleichmäßig verteilt hat. Crêpes auf beiden Seiten goldbraun braten.

Waffeln oder „Gaufres"

Die belgische Waffelspezialität *gaufres* gibt es einfach mit Puderzucker bestreut, aber auch mit Schlagsahne, Schokoladensauce oder frischen Erdbeeren verfeinert. Besonders berühmt sind die „Lütticher Waffeln". Die Ursprünge des süßen Gebäcks gehen bis in die Antike zurück. So gibt es Belege dafür, dass es bereits im alten Griechenland eine Süßspeise gab, die zwischen zwei heißen Metallplatten gebacken wurde.

Zutaten für 6-7 *gaufres*:
60 g Mehl, 40 g Zucker, 70 ml Milch, 5 g Bierhefe, 1 Ei, 10 g Butter, Puderzucker, Salz

Hefe, 5 g Zucker und vorgewärmte Milch in ein Gefäß geben und solange verrühren, bis sich die Hefe aufgelöst hat. Mehl, restlichen Zucker, Eigelb und eine Prise Salz in eine Schüssel geben. Mit einem Schneebesen verrühren und vorsichtig Gemisch aus Milch und Hefe dazu geben. Geschmolzene Butter und schaumig geschlagenes Eiweiß hinzufügen und zu einer cremigen Masse verrühren. Den Teig mit einem Geschirrtuch abdecken und 15 Minuten lang ruhen lassen. Waffeleisen (*gaufrier*) erhitzen, zwei Esslöffel Teig hinein geben (für eine ca. 10 cm große *gaufre*) und Waffeleisen schließen. Etwa 3 Minuten lang backen. Vorgang wiederholen, bis der gesamte Teig aufgebraucht ist. Die *gaufres* mit Puderzucker bestreuen oder mit Marmelade, Schlagsahne oder Eis verfeinern.

Die Geschichte der Brezel

Um die Entstehung der Brezel ranken sich unzählige Geschichten. Da gibt es eine, die von einem Prinz und einer Prinzessin erzählt, die Hochzeit feiern wollten. Und die von einem Mönch, der besonders fleißige und fromme Kinder belohnt hat. Bei der Legende vom Prinzenpaar handelt es sich um eine Liebesgeschichte, in der die Brezel mit ihrer verschlungenen Form als Symbol für enge Ver-

bundenheit und unauflösliche Treue verstanden wird. Die zweite Geschichte berichtet von der „Pretiola": so wurde die kleine Belohnung genannt, mit denen Mönche eines Klosters besonders fromme Kinder beschenkten und deren Bezeichnung dem beliebten Snack wohl den Namen Brezel beschert hat. Das sind nur zwei Beispiele für die vielen, farbenfrohen Legenden, die von der Erfindung des

einfachen Gebäcks, von dem es eine süße und eine salzige Variante gibt und das für seine auffällige Form bekannt ist, berichten.

Brezeln schmecken einfach zu jeder Tageszeit köstlich. Man bekommt sie auf der Straße – wo sie aus riesigen Holzkörben verkauft werden –, in der Konditorei – wo sie mit Hagelzucker bestreut die Auslagen zieren – oder beim Bäcker, bei dem

Einheimische und Touristen an einem Brezelstand vor dem Berliner Reichstag. Insbesondere in den deutschsprachigen Ländern erfreut sich die Brezel großer Beliebtheit.

die salzige Variante frisch aus dem Ofen kommt. Die Brezel, die je nach Zubereitungsart aus einem kräftigen, salzigen oder einem lockeren, süßen Teig hergestellt wird, stammt aus Italien oder Frankreich. Von dort gelangte sie unter anderem nach Deutschland, wo sie seit dem 14. Jahrhundert das Zeichen der backenden Zunft ist. Auch in der Schweiz, Ungarn und Österreich er-

freute sich die Brezel schon früh großer Beliebtheit, im 19. Jahrhundert gelangte die Spezialität dann auch nach Amerika. Heute gibt es die Brezel in den verschiedensten Varianten und Formen. Gerade die Form der Brezel hat immer wieder Anlass dazu gegeben, sich ihrer als Symbol zu bedienen. Aufgrund ihrer drei Löcher wurde sie beispielsweise als Symbol der göttlichen Dreifaltigkeit gesehen. Im Volks-

glauben galt sie als Symbol für Glück, da ihre Form an ein Kleeblatt erinnern sollte. Andere wiederum deuteten ihre Form als im Gebet gefaltete Hände. Aufgrund der einfachen Zutaten (Wasser, Mehl, Hefe, Zucker, Salz) etablierte sich die Brezel auch zum prädestinierten Begleiter der Karfreitagsfeierlichkeiten und wird bis heute während der gesamten Fastenzeit gerne gegessen.

Skillingsbolle (Zimtschnecken)

Der Name leitet sich von dem Preis ab, den man in Norwegen früher für die gerollten Leckereien bezahlen musste, die damals einen „Skilling" kosteten. Noch heute wird man vielerorts in Norwegen am Morgen mit dem herrlichen Duft der köstlichen Zimtschnecken begrüßt.

Zutaten für 30 *skillingsbolle*:
500 g Mehl, 100 g Zucker, 200 g Butter (oder Margarine), 16 g trockene Bierhefe, 200 ml Milch, 2 Esslöffel Zimt, 80 g Zucker, 1 Eiweiß

Die Hefe in lauwarmer Milch auflösen. Mehl, Zucker und Butter in eine Schüssel geben. Milch-/Hefegemisch hinzufügen. Mit den Händen zu einem cremigen Teig verarbeiten, mit einem Tuch abdecken und eine Stunde gehen lassen. In der Zwischenzeit Zucker und Zimt vermischen. Den aufgegangenen Teig in zwei Hälften teilen; beide Teighälften mit dem Nudelholz ausrollen und mit Zucker-/Zimtgemisch bestreuen. Anschließend die Teigplatten übereinander legen und von der Längsseite her aufrollen. Rolle in ca. 1 cm dicke Streifen schneiden und auf ein mit Backpapier ausgelegtes Blech legen. Vorsichtig in Form drücken. Mit Eiweiß bestreichen und mit dem restlichen Zucker bestreuen. Im vorgewärmten Backofen bei 180 °C für ca. 15-20 Minuten backen.

Croque Monsieur

Die traditionelle französische Spezialität gibt es bereits seit über hundert Jahren. Zum ersten Mal wurde der *Croque Monsieur* in einem Pariser Café angeboten. Schriftliche Erwähnung findet der noch heute beliebte Snack zudem in Marcel Prousts *Auf der Suche nach der verlorenen Zeit*. Was genau hinter der Namensgebung und der Kombination der beiden Worte *croque* (knacken) und *monsieur* (Herr) steckt, ist nicht bekannt.

Zutaten für 4 *Croque Monsieur*:
8 Scheiben Kastenweißbrot (Toastbrot), 60 g Butter, 4 Scheiben Schinken, ¼ l Milch, 30 g Mehl, 50 g geriebener Emmentaler, Salz, Pfeffer, Muskatnuss

Es gibt unzählige Varianten des klassischen *Croque Monsieur* (Toastbrot, Schinken und Emmentaler), wobei jene mit Béchamelsoße wohl zu den bekanntesten zählt. Für die Zubereitung der hellen Soße Mehl mit der Hälfte der Butter vermengen, in eine Pfanne geben und bei leichter Hitze anschwitzen. Nach und nach die kalte Milch zugeben und das Ganze aufkochen lassen. Stetig rühren, damit sich keine Klümpchen bilden. Die fertige Soße mit Salz, Pfeffer und Muskatnuss abschmecken und vom Herd nehmen. Restliche Butter schmelzen und die Toastbrotscheiben darin eintauchen. Eine Hälfte mit Schinken, die andere mit Emmentaler belegen und beide Seiten zusammenklappen. Béchamelsoße und restlichen Emmentaler auf die Sandwiches geben. 10 Minuten im vorgeheizten Ofen überbacken und heiß servieren.

Heisse Maronen und Vin Brûlé

Wenn sich in den Alpenregionen der erste Schnee auf die Berge legt, die Tage wieder kürzer werden und ein warmes, gelbes Licht die Fenster der kleinen Holzhäuser erstrahlen lässt, pulsiert in den Straßen der kleinen Bergdörfer das winterliche Leben. Dann kann man sich nach einem kalten Tag im Freien an einem der Stände mit heißen Maro-

nen aufwärmen, die ihren köstlichen Duft über den ganzen Markt verbreiten.

Vor dem Garen wird die gewölbte Seite der halbmondförmigen Esskastanien kreuzförmig eingeschnitten, um das anschließende Schälen der goldbraunen Frucht zu erleichtern. Die Einheimischen grillen ihre Maronen entweder im

herkömmlichen Backofen oder im Maroni-Ofen, der sich durch den charakteristischen Dreifuß und das lange, eiserne Ofenrohr auszeichnet. Wer die Maronen direkt im Feuer grillen möchte, sollte sie während der Grillzeit mehrmals umschichten und drehen. Ein ganz spezielles Geschmackserlebnis bieten Maronen,

Stolz präsentiert der Verkäufer seine heißen Maroni; ein dampfend heißer Becher Glühwein auf dem Frankfurter Weihnachtsmarkt.

wenn man sie vor dem Verzehr für einige Zeit in ein mit Wein getränktes Tuch wickelt.

Es gibt noch viele weitere Möglichkeiten, die winterliche Atmosphäre der Bergregionen zu genießen und dabei ein Gläschen zu trinken. Im Dezember empfiehlt sich beispielsweise eine Reise nach Innsbruck. Sobald die Sonne unterge-

gangen ist, erfüllt hier der Duft verschiedenster Gewürze die Luft. Die Quelle dieser verführerischen Note sind die Stände, an denen Glühwein (*Vin Brûlé*) verkauft wird. Der mit Zucker, Nelken, unterschiedlichen Gewürzen, Orangen- und Zitronenstückchen verfeinerte Rotwein wird hier in großen Töpfen erhitzt. Ob man ihn

nun aus dem traditionellen „Freundschaftsbecher" (*Grolla*) genießt oder ihn genüsslich schlürfen möchte, während man über einen der malerischen Weihnachtsmärkte schlendert, die in diesen Regionen jedes Jahr um die Weihnachtszeit statt finden – Glühwein ist ein echter Genuss!

Der Vordere Orient

ab S. 68: *Souk* in der Altstadt von Sanaa, Jemen; Märkte von Aleppo und Damaskus, Syrien; Verkaufswagen mit gekochten Maiskolben auf der berühmten Uferstraße in Beirut.

Forschungsreisen, Karawanen, antike Zivilisationen, exotische Gerüche und Gewürze ...

Vorderer Orient – allein der Name dieses doch recht überschaubaren Teils der Erde ruft große Faszination hervor, schwört exotische Gerüche herbei und lässt uns hinter Schleiern geflüsterte Geheimnisse vernehmen. Es ist ein Name, der uns Geschichten von Eleganz, alten Traditionen, Entdeckungen, religiöser Mystik und einer jahrtausendealten Vergangenheit erzählt. Jenseits des Mittelmeers scheint sich ein Tor in eine unbekannte Welt zu öffnen. Damaskus, die syrische Hauptstadt, ist von besonderer Schönheit und reich an kulturellen Schätzen, zugleich ist sie jedoch auch ein Mikrokosmos, in dem es nur so von Tamarinden- und Fruchtsaftständen und winzigen Läden wimmelt, in denen sich Berge von Datteln, Pinienkernen, Pistazien, Mandeln, Sultaninen und Rosenblätter türmen. Es sind die kulinarischen Vorboten einer eher einfachen Küche, die sich jedoch durch ihre aufwändigen Zubereitungsformen auszeichnet. Die kulinarische Tradition dieser Region, die als Knotenpunkt alter Handelswege eine besondere Stellung innehatte, ist das Ergebnis unterschiedlichster kultureller Einflüsse.

Der Markt der südirakischen Hafenstadt Basra, nahe des Zusammenflusses von Eufrat und Tigris.

Durch die Verbindung neuer kulinarischer Elemente und traditioneller Essgewohnheiten veränderte sich im Laufe der Jahre auch das Stadtbild. Noch heute bilden die großen Märkte, die *Souks* den Mittelpunkt des städtischen Lebens. Bereits in den Morgenstunden, nachdem in den Häusern die Lichter angegangen sind, die Stadt zum Leben erwacht ist und sich die Menschen auf die Straße begeben, um dem täglichen Frühstücksritual zu frönen, beginnt auch im *Souk* das Leben zu pulsieren. Hier ist immer viel los, doch um die Mittagszeit ist das Gedränge besonders groß. Dann sind die wenigen Tische, die einige kleine Geschäfte aufgestellt haben, bis auf den letzten Platz gefüllt und man sieht Scharen von Kellnern, die sich mit übergroßen Tabletts ihren Weg durch die Menschenmassen und zu den einzelnen Geschäften und Restaurants bahnen.

Wohin man auch schaut, im gesamten Orient werden die kulturellen Esstraditionen in besonderem Maße gepflegt. Eine Gemeinsamkeit ist dabei die Vorliebe für einfache Zutaten, die dann entsprechend der landestypischen Gepflogenheiten auf individuelle Art kombiniert werden. Die traditionellen Essgewohnheiten sind im Orient wesentlicher Bestandteil des gesamten Tagesablaufs. So beginnt der Tag mit Tee, Brot und

Verkäufer bieten ihr Trockenobst feil; Der Markt von Aleppo ist besonders für die würzige Bohnensuppe *fuul* bekannt, die in Kesseln frisch zubereitet wird.

Za'atar, einer Mischung aus verschiedenen Kräutern und Gewürzen wie beispielsweise Thymian, Sesam und Sumach. Anschließend gibt es eine mit Olivenöl verfeinerte, kräftige Suppe mit dicken Bohnen (*fuul*). Weiter geht es mit dem Mittagessen, das einer gastronomischen Meisterleistung gleichkommt. Hierzu wird eine unendliche Vielfalt unterschiedlicher Vorspeisen, die so genannten *Mezze* (oder auch *Meza*) aufgetischt, ein

lukullischer Reigen von Pasten aus Hülsenfrüchten und Gemüse, wie etwa Auberginen, Zucchini, Tomaten oder Gurken. Aber auch Spinat, Käse, gehacktes Fleisch und Fladenbrot aus Weizenmehl wird gereicht.

Insbesondere im Libanon zeichnet sich die Küche dadurch aus, dass auf ein reiches Vorspeisenangebot eher einfache Hauptgerichte folgen, bei denen es sich hauptsächlich um gegrillte oder im

Ofen zubereitete Fleischgerichte handelt. Zum Abschluss gibt es dann Obst oder mit viel Honig und Orangenblütenessenz zubereitetes Gebäck, das mit gehackten Pistazien oder Mandeln bestreut wird und dessen filigrane Blätterteigschichten mit Creme gefüllt werden. Die Mahlzeit wird im Orient als Fest für die Sinne und gemeinschaftliches Ereignis verstanden, für das man sich im Beisein von Familie und Freun-

Im Jemen stärkt man sich zwischendurch gerne mit einem Glas Minztee; Verkäufer mit einem Korb backfrischem Brot auf dem überdachten Markt Khan El-Khalili in Kairo, Ägypten; Auf dem Markt der jemenitischen Stadt Bayt al-Faqih werden in einem großen Behälter die unterschiedlichsten Leckereien frittiert.

den häufig stundenlang Zeit nimmt. Doch vor allem geht es dabei auch immer darum, etwas mit anderen Menschen zu teilen und Zeit mit ihnen zu verbringen. Auch in den Straßen wird die Mahlzeit als geselliges Ereignis gefeiert, an dem man auch als Tourist teilhaben kann und eigentlich muss – denn wer könnte den dargebotenen Köstlichkeiten schon widerstehen?

Mehr als einfach nur „Guten Tag"…

Der morgendliche Gruß im Orient lautet *Sabah al khair*, was soviel heißt wie „auf dass Dein Tag gut werde" oder aber *Sabah al yasmin*, was soviel bedeutet wie „auf dass Dein Tag so herrlich dufte wie Jasmin". Der Morgen im Orient beginnt also mit sanften, poetischen Worten, im Kontrast dazu jedoch mit relativ kräftigen und würzigen Speisen. Entlang der berühmten Uferstraße *Corniche* von Beirut und in den Bergdörfern, die nahe der jahrhundertealten Zedernhaine liegen, beginnt man

Café blanc

Diese besondere Spezialität aus dem Libanon lässt sich in weniger als einer Viertelstunde zubereiten. Das „Land der Zedern" ist berühmt für sein besonders wohlschmeckendes Orangenblütenwasser. Der „Weiße Kaffee" ist ein mit Orangenblütenwasser verfeinerter Aufguss, der aufgrund seiner verdauungsfördernden Eigenschaften gerne nach dem Essen serviert wird.

Zutaten für ein Glas:
250 ml warmes Wasser, 1 Teelöffel Orangenblütenwasser, 1 Teelöffel Puderzucker, Zitronenschalen

Zucker in warmem Wasser auflösen, umrühren und Flüssigkeit zum Sieden bringen. Orangenblütenwasser und Zitronenschalen hinzugeben, bei mittlerer Hitze zwei Minuten aufkochen. Abgießen und heiß servieren.

Traditionelle Hammel-Gemüse-Platte (S. 76); Frittiertes Gemüse und Pasten aus der jemenitischen Küche; *Za'atar*, eine Gewürzmischung aus Thymian, Sumach und Sesam.

den Morgen mit *Mann'uche* (auch *Manaqisch* genannt), einem hauchdünnen und weichen Fladenbrot, das mit Käse (*Jebneh*) belegt oder mit Olivenöl und der Gewürzmischung *Za'atar* bestrichen wird. Das Fladenbrot wird auf glühend heißen Eisenplatten ausgebacken, die in ihrer Form an riesige Pilze erinnern (*sage*), mit Tomatenstücken und Minze gefüllt und anschließend zusammengerollt. Vor dem Servieren wird die Fladenbrotrolle bis zur Hälfte in Papier gewickelt. Dieses wohl berühmteste Brot aus dem Libanon wird meist aus der Hand und auf der Straße – etwa bei einem gemeinsamen Spaziergang mit Freunden – gegessen.

In Aleppo, im Norden Syriens, herrscht um die Mittagszeit in den engen Gassen des Souk großer Andrang vor den Läden, die *Fuul* zubereiten und auf der Straße verkaufen. *Fuul* ist eine Suppe aus

Fleischer vor einem Restaurant; Auf dem Markt von Kairo, Ägypten wird der beliebte *cake*, ein süßliches, mit Sesamsamen bestreutes Brot, in einem speziell gefertigten Korb verkauft.

dicken Bohnen und Tomaten, die in bauchigen, nach oben hin schmal zulaufenden Kesseln zubereitet wird. Die Töpfe bestehen aus Kupfer oder Aluminium und werden eigens für dieses Gericht gefertigt. Die leicht nach vorne gewölbte Öffnung scheint nur darauf zu warten, dass man ihr mit einer Schöpfkelle den dampfenden Inhalt entnimmt. Die stärkende Mahlzeit wirkt als wahre Kraftquelle und wird traditionell mit arabischem Brot gegessen. Gäste, die ihre *Fuul* vor Ort genießen möchten, bekommen diese in tiefen Keramiktellern gereicht. Für alle, die es eilig haben, gibt es Pappteller. Auch wenn es sich um ein relativ einfaches Rezept handelt, hat jeder Koch doch sein eigenes kulinarisches Geheimnis, wodurch das Gericht jedes Mal eine eigene Note bekommt und mancherorts wahre Geschmackswunder entstehen. In Jordanien, im Herzen der Altstadt von Amman kann man im berühmten Restaurant „Hashem" sogar bis tief in die Nacht *Fuul* bestellen.

Kibbeh (Fleischbällchen)

Es gibt die unterschiedlichsten Zubereitungsarten für Kibbeh (auch *Kubbeh* genannt). So kann man die leckeren Fleischbällchen zum Beispiel „roh" essen, ähnlich wie Tartar. Bei der wohl bekanntesten Variante, die auch die meisten der traditionellen Restaurants des Vorderen Orients auf ihrer Speisekarte führen, werden die Fleischbällchen jedoch frittiert und mit einer fein gewürzten Joghurtsoße gereicht. Eine der Grundzutaten der Spezialität ist Bulgur, ein getrockneter Hartweizen, der vor dem Verzehr aufgequollen und gewürzt wird und den man fein- oder grobkörnig kaufen kann (für *Kibbeh* wird meist der feinkörnige Bulgur verwendet).

Zutaten für 50 *Kibbeh*:
Für die Füllung: 200 g Lammhackfleisch, 1 gehackte Zwiebel, 150 g Pinienkerne, Kreuzkümmel, Pfeffer, Olivenöl
Für die Bällchen: 350 g Bulgur, 500 g Lammhackfleisch, 1 Zwiebel, Minze, Petersilie, Kreuzkümmel, 7-Gewürze-Mischung, kaltes Wasser, Frittieröl

Für die Füllung Pinienkerne in Öl anrösten. Gehackte Zwiebel, Gewürze und Fleisch dazu geben und das Ganze 15 Minuten andünsten. Für die Bällchen Bulgur in Wasser einweichen. Nach zwei Stunden Wasser abgießen, Bulgur abtropfen lassen und gut auspressen. Fleisch, Zwiebel, Gewürze und Kräuter zusammen mit etwas Wasser in einer Küchenmaschine pürieren. Bulgur hinzugeben und erneut mixen. Einen Esslöffel der Fleischmasse entnehmen und mit den Händen walnussgroße Bällchen formen. Mit dem Zeigefinger vorsichtig aushöhlen und etwas Füllung hineingeben. Öffnung gut verschließen und *Kibbeh* in eine ovale Form bringen. In reichlich heißem Öl frittieren.

Kaffee nach Beduinenart

Das ist Kaffee mit Kardamom, der drei Mal hintereinander in winzig kleinen, henkellosen Tassen gereicht und ohne Zucker siedend heiß getrunken wird. Arabischer Kaffee ist nicht einfach nur ein Getränk, sondern das Symbol für Gastfreundschaft und Wohlwollen. Mit einer Tasse Kaffee werden Vertragsabschlüsse besiegelt und Eheschließungen besprochen. Eine Tasse Kaffee kann den Beginn einer Freundschaft bedeuten, aber auch das Ende

einer solchen, selbst wenn diese schon viele Jahre währt. Im Herzen Jordaniens liegen die Landschaften wie in purpurnes Feuer getaucht. In Wadi Rum mit seinem roten Wüstensand, gewähren die Beduinen den Reisenden einen Einblick in ihre traditionelle Kaffeezeremonie, die sich vor allem der Zeichensprache bedient und nur weniger Worte bedarf. Ein schwarzes Zelt mit offenem Eingang und eine stets gefüllte Kaffeekanne auf einer Kochstelle

im Sand zeigen an, dass jeder Gast willkommen ist und bleiben kann, so lange er möchte. Traditionell wird mit der ersten Tasse Kaffee dem Gast ein freundlicher Empfang bereitet, mit den beiden folgenden Tassen wird die Freundschaft besiegelt und letztlich zum Ausdruck gebracht, dass man sich künftig für Leib und Leben des neuen „Bruders" und Gastes einsetzen wird. Einen Kaffee anzunehmen bedeutet, seinem Gastgeber Ehre zu erweisen.

Ob frisches Gemüse oder Trockenobst – auf einem syrischen Markt sind der kulinarischen Vielfalt keine Grenzen gesetzt.

Blätterteig, Fleisch und Gemüse - eine syrische Tradition

Aleppo gilt als Hochburg der syrischen Kochkunst – davon sind ihre Bewohner überzeugt. Aber auch die Tatsache, dass in der ehemaligen Karawanenstadt, die man seit frühester Zeit als Treffpunkt für Menschen aus den Regionen und als einen Ort des regen kulturellen, religiösen und traditionellen Austauschs kennt, die syrische „Akademie für Gastronomie" eröffnete, spricht für diese Vorrangstellung. Im *Souk* von Aleppo, einem Labyrinth zahlloser, schmaler Gassen, in dem sich nur die Einheimischen problemlos zurechtfinden, erhält man einen ersten Eindruck davon, welch große Bedeutung hier dem Essen beigemessen wird.

Aleppo: Teigbällchen werden mit Hackfleisch gefüllt und im Ofen gebacken; farbenfroher Obststand auf dem Markt von Alexandria, Ägypten.

Berühmt sind die syrischen Dörfer und Städte insbesondere für ihre Fleisch- und Gemüsegerichte. Ein bedeutender Vertreter der köstlichen Fleischgerichte ist die *Shawarma*, und insbesondere die, die im christlichen Teil der damaszener Altstadt verkauft werden. Die vegetarische Version, bei der Gemüse gekocht und als Füllung für gerollte Teigtaschen verwendet wird, heißt *Burak*. Die Zubereitung dieser Leckereien, deren Duft überall aus den Bäckereien strömt, ist jedoch alles andere als einfach. So muss der Teig immer wieder neu ausgerollt werden, um dann in hauchdünnen Schichten

Zu Hammelspießen wird gerne Fladenbrot gegessen; Hackfleisch wird als Füllung für die unterschiedlichsten Gerichte verwendet; Eingelegte Innereien gelten als Spezialität.

übereinander gelegt, mit Spinat oder auch Käse gefüllt und anschließend im Ofen gebacken oder frittiert werden. Ein weiteres Fleischgericht, dessen Zubereitung besonderes Können und Geduld erfordert, sind *Kibbeh*, frittierte Fleischbällchen aus Lammhack und gequollenem Hartweizengries (*Burghul*). Ebenfalls ein Gericht, das sich leicht aus der Hand essen lässt, ist *Lahm b-ajin*, kleine Fladen aus Brotteig, die im Steinofen gebacken und mit Lammfleisch belegt werden, das zuvor mit Zwiebeln, einer Sieben-Gewürze-Mischung, Pinienkernen und Granatapfelsaft mariniert wurde.

Der Mahane Yehuda Market und das Damaskustor, Jerusalem, Israel

Wenn es einen Ort gibt, an dem die Bedeutung des Essens seinen geschmacklichen Wert noch übersteigt und in erster Linie Ausdruck für Tradition, Kultur und Religion ist, dann ist das Jerusa-lem. Das Zentrum der Altstadt ist in ein islami-sches, ein jüdisches, ein armenisches und ein christliches Viertel aufgeteilt. Es ist nicht nur be-deutendste Stätte des gemeinsamen religiösen Er-bes, sondern gleichzeitig auch ein Ort, an dem man kulinarische Schätze finden kann. Restaurants und Marktstände bieten viele Zutaten und Ge-richte an, die von Anhängern jeglicher Glaubens-richtungen gerne gekauft und gegessen werden. Das Damaskustor heißt alle mit Unmengen von Obst und Früchten, die in Weidenkörben oder auf großen, eisernen Platten dargeboten werden, willkommen, während von kleinen Holzkarren aus verschiedene Arten von weichem und süßli-chem Brot, die so genannten *cake*, verkauft wer-den. Jenseits der Mauer, im westlichen Teil der Stadt, werden auf den Tischen des berühmten Marktes Mahane Yehuda, der hauptsächlich von jüdischen Glaubensanhängern besucht wird, aus-schließlich Produkte angeboten, die die Anforde-rungen der koscheren Speiseregeln erfüllen. Das Gericht, das von den Anhängern aller Glaubens-richtungen gleichsam häufig gegessen wird, ist die mit einem Schuss Zitrone verfeinerte, traditio-nelle Linsensuppe, die in der ganzen Stadt auf der Straße verkauft wird.

Baklava
Der Ursprung dieser Süßspeise, die sich heute in vielen Ländern des Vorderen Orients und des Mittelmeerraums findet, ist nicht eindeutig geklärt. Einige behaupten, das erste Rezept für *Baklava* (das dem heute bekannten Rezept sehr nahe kommt) sei zu Beginn des 14. Jahrhunderts niedergeschrieben worden. Eine andere These besagt, dass die Assyrer bereits im 8. Jahrhundert v. Chr. hauchdünne, mit Honig und Nüssen verfeinerte Teigteilchen gegessen haben sollen und somit als die eigentlichen Erfinder der *Baklava* gelten.

Zutaten für 6 Personen:
500 g Filoteig, 350 g gehackte Mandeln, 150 g gehackte Pistazien, 180 g geschmolzene Butter
Für den Sirup: 50 g Honig, 450 g Zucker, 300 ml Wasser (eventuell mit Orangenwasser verfeinert), 1 Esslöffel Zitronensaft

Für den Sirup Wasser, Honig und Zitronensaft aufkochen und Zucker darin auflösen. Abkühlen lassen und in den Kühlschrank stellen. Filoteig in einer gefetteten Backform auslegen und mit geschmolzener Butter bestreichen. Zweite Teigschicht darüber legen und erneut mit Butter bestreichen. Diesen Vorgang fünf Mal wiederholen. Die sechs Teigblätter mit gehackten Mandeln und Pistazien bestreuen und weitere sechs, ebenfalls mit geschmolzener Butter bestrichene Teigblätter darüber schichten. Teig mit einem Messer in mehrere Rauten teilen. Backofen vorheizen und *Baklava* 40 Minuten bei 180 °C goldgelb backen. Heiße Teigteilchen in Sirup tränken. Vor dem Servieren abkühlen lassen.

Getrocknete Früchte aus dem Sack
und frische aus dem Glas

ab S. 90: Frisch gepresste Fruchtsäfte sind im gesamten Vorderen Orient beliebt; Trockenobst und -blüten in Sanaa, Jemen.

Pistazien aus Aleppi, Korinthen aus dem Iran, Mandeln aus der Türkei, Datteln aus Palmyra: bei einer Reise durch den Vorderen Orient findet man allerorts kleine Läden, in denen man sich mit den unterschiedlichsten Sorten von Trockenfrüchten versorgen kann. Auf dem Markt von Sanaa verwandelt sich – inmitten der weiß verzierten Lehmbauten, für welche die jemenitische Hauptstadt so bekannt ist – der engste Raum in eine Auslagefläche für eine Vielzahl köstlicher Trockenfrüchte, die zunächst keinen besonderen Geruch verströmen und deren köstlicher Geschmack erst im Mund zur vollen Entfaltung kommt. Ob als ganze

Frucht, in Stücken, gehackt oder in hauchdünne Scheiben geschnitten – hier laden Pinienkerne, Pistazien und Mandeln zum Probieren ein. Allein der Anblick der Köstlichkeiten reicht aus, um sich das Geschmackserlebnis vorzustellen, das einem diese – als Beigabe oder Dekoration des nahrhaften, süßen und üblicherweise mit Honig und Zuckersaft überzogenen Gebäcks – bescheren werden.

Hinter den prall gefüllten Säcken stehen Verkäufer, scheinbar völlig in Gedanken versunken. Doch wenn Sie an einem der Stände stehen bleiben und nach der Herkunft der Sultaninen oder dem Preis

Die fliegenden Händler pressen direkt auf ihren Wagen frischen Limetten- und Granatapfelsaft; ein Verkäufer bietet Datteln aus der Region feil.

der Nusskerne fragen (auf den Preisschildern finden sich ausnahmslos arabische Angaben), werden Sie sehen, wie sich ein Lächeln auf die Gesichter der Verkäufer zaubert und Sie eingeladen werden, es sich bequem zu machen, die Produkte zu kosten und miteinander zu vergleichen. So schlendert man, in der einen Hand die frisch erworbenen Einkäufe und in der anderen stets eine leckere Knabberei, gemütlich durch die Marktgassen.

An den Straßenecken begegnen einem mitunter kleine Wagen, an denen frisch gepresste Säfte verkauft werden: Orangensaft, Granatapfelsaft, Maulbeersaft. Ein Klingeln lenkt den Blick auf einen Verkäufer, der mit einer bestickten Weste, einem weißem Hemd und Pumphosen bekleidet ist. Mit dem *fez*, einer traditionellen Kappe aus Filz, auf dem Kopf und einem seltsamen Behälter aus zugeschnittenem Kupfer

auf den Rücken geschnallt, steuert er auf die Marktgassen zu. Mit zwei Eisenbechern, die er gegeneinander schlägt versucht er die Aufmerksamkeit der Passanten auf sich zu ziehen. Das vertraute Geräusch kündigt den Tamarindensaft-Verkäufer an, der mit einer geschickten Bewegung den Saft vom Behälter auf seinem Rücken in einen Becher befördert und den Marktbesuchern anbietet.

Iftar und Sabbat

Wenn der erste Stern am Abendhimmel erscheint, erhebt sich die Stimme des *Muezzin* und gleitet über die Dächer der Stadt hinweg: es ist Zeit für *Iftar*, das Festessen, mit dem traditionell das Ende des Ramadans begangen wird. Zuhause versammeln sich die Familienmitglieder um den Tisch und auf den Straßen drängen sich die Menschen vor den Backstuben, um die dort feilgebotenen Köstlichkeiten, wie etwa mit Früchten gefüllte Krapfen (*qutayef*) und süßlichen Käse, der in halbmondförmige Blätterteigtaschen gefüllt wird, zu genießen. Ein weiteres Ritual ist das *Sabbat-Brot*, mit dem Freitags das Abendessen der jüdischen Glaubensanhänger eingeleitet wird. Die beiden Brotzöpfe bleiben solange abgedeckt, bis der *Kiddusch* gesprochen und das Brot gesegnet wurde. Anschließend werden die Brote unter den Anwesenden verteilt. Das *Sabbat-Brot* muss vor 19 Uhr gebacken werden, denn dann werden jegliche Arbeiten eingestellt und Körper und Geist ausschließlich Gott gewidmet.

Arabisches Fladenbrot

Zutaten für 10 Brötchen:
600 g Mehl, 300 ml lauwarmes Wasser, 25 g Bierhefe, 5 g Zucker, 10 g Salz

Mehl, Wasser, Bierhefe und etwas Salz: das traditionelle arabische Fladenbrot (mancherorts auch Pita genannt) besteht aus ganz einfachen Zutaten. Für die Zubereitung wird der Teig zunächst in runde Scheiben geteilt. Im Backofen geht der Teig dann zu einer Art Tasche auf, die sich anschließend mit Fleisch oder Gemüse befüllen lässt – der perfekte Straßensnack! Damit es nicht austrocknet, empfiehlt es sich, das Brot nach dem Backen in Plastikbeuteln aufzubewahren.

Challah

Zutaten für 1 *Challah*:
250 g Mehl, 25 g Bierhefe, 1 Ei, 50 g Zucker, 20 ml Öl, Salz

Challah ist das traditionelle Sabbat-Brot, mit dem Freitags das Abendessen der jüdischen Glaubensanhänger eingeleitet wird. Das Brot hat einen süßlichen Geschmack, eine mürbe Konsistenz und die Form eines Zopfes. Der Teig besteht aus Mehl, Zucker, einem Ei, Öl oder Butter, Wasser und Hefe. Den Teig sollte man ein erstes Mal nach dem Kneten und ein zweites Mal nach dem Formen gehen lassen. Danach mit reichlich Ei bestreichen und im Ofen goldgelb gebacken.

97

Der Ferne Osten

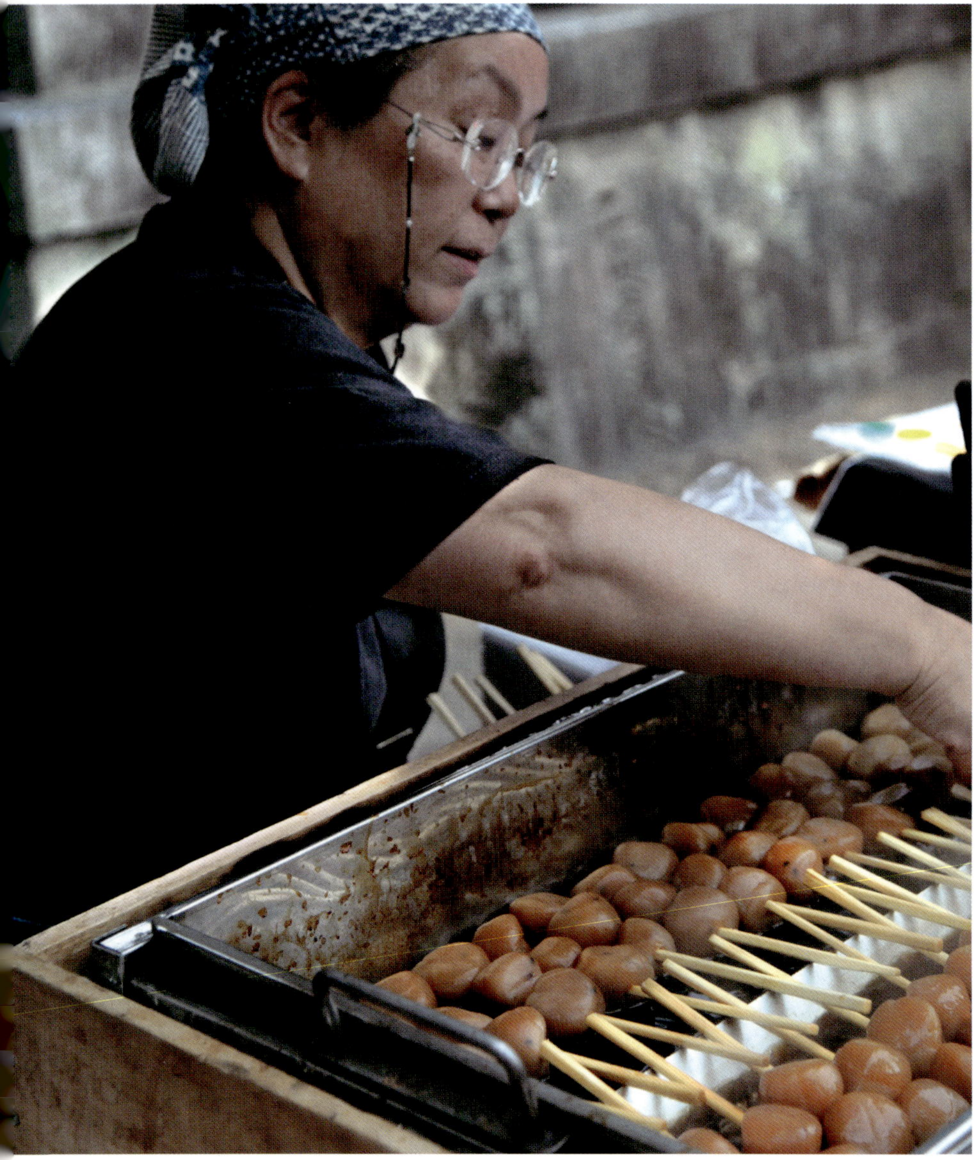

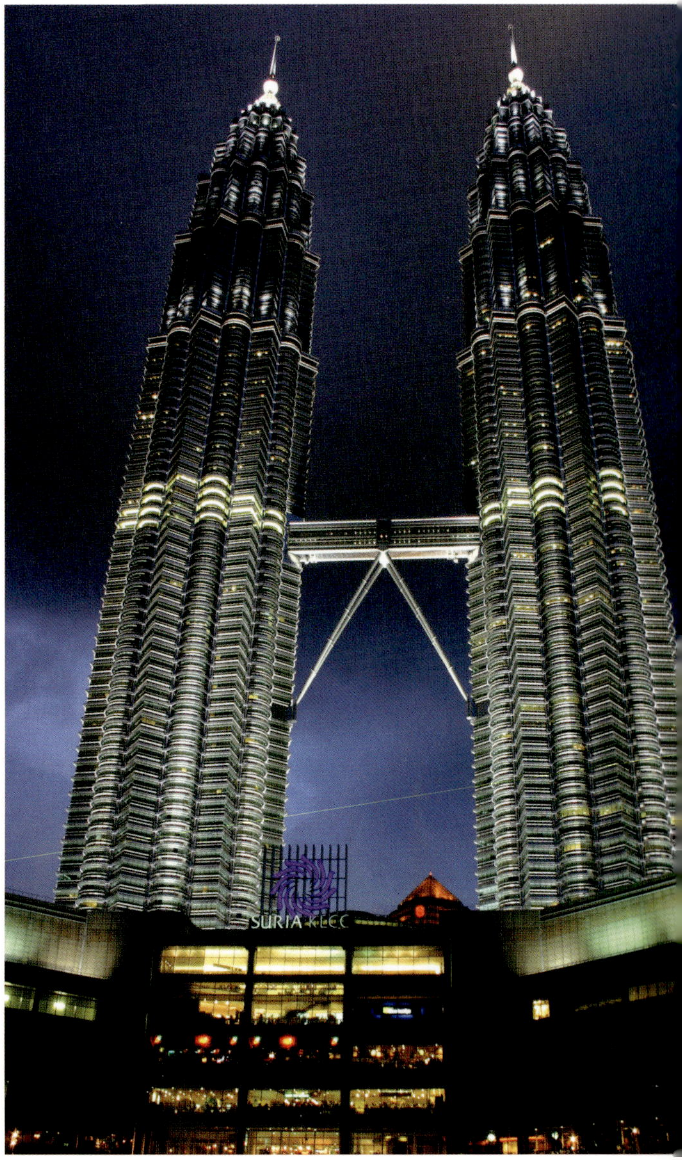
SURIA KLCC

ab S. 98: Markt in Myanmar; Reismehlbällchen auf dem Markt von Tenjin-San, Kyoto, Japan; die Petronas Towers von Kuala Lumpur; das dynamische Kuala Lumpur, Malaysia.

Jenseits des Uralgebirges und der Meere eröffnet sich uns eine geheimnisvolle und faszinierende Welt fernöstlicher Kultur.

Wer nach Malaysia reist, entdeckt die „Essenz" ganz Asiens in einem einzigen Land. „Malaysia, truly Asia" – auch der Werbeslogan verspricht den Besuchern das „wahre" Asien. Malaysias Stellung als eines der bedeutendsten Handels- und Wohnzentren in ganz Südostasien reicht weit in die Vergangenheit zurück. Bis heute besteht hier ein beispielloses Miteinander von Völkern und Kul-

turen, die mit ihren multikulturellen Einflüssen deutliche Spuren in der malaiischen Küche hinterlassen haben. In Malaysia gibt es von allem, was Asien zu bieten hat, etwas. Für all jene, die jedoch mehr in die Tiefe gehen möchten und sich besonders für landestypische Feinheiten interessieren, empfiehlt sich beispielsweise eine Reise nach Japan. Im Land der aufgehenden Sonne, in dem es

ein ganz eigenes Verständnis von Raum und Zeit gibt, wird auch dem Essen eine besondere Stellung eingeräumt. Essen steht hier für Kultur, Sorgfalt, Leidenschaft, Erfahrung und für die Harmonie zwischen dem Ich und der Welt. In Japan wird die Zubereitung von Speisen zum Ritual und jede Zutat hat eine spezielle symbolische Bedeutung. Das Essen und seine Zubereitung sind das Ergeb-

Der schwimmende Markt in Bangkok, Thailand, bietet frisches Obst und Gemüse sowie auch kleine Gerichte.

nis philosophischer Betrachtungen und eine Kunstform für sich. Besonders eindrucksvoll ist die unglaubliche Vielfalt japanischer Gerichte. Wenn man nicht nach der gebündelten Essenz Asiens, sondern eher nach einem Gegenpol zu anderen asiatischen Ländern sucht, ist man in Japan genau richtig. Die Küche Japans zeichnet sich durch ein unvergleichlich vielfältiges Repertoire an unterschiedlichen Speisen aus, von denen der Rest der Welt mit *sushi* und *sashimi* nur einen Bruchteil kennt. Auch *Streetfood* ist in der japanischen Esskultur fest verankert. So kann man in den zahlreichen kleinen Restaurants schon für ein paar Yen Sushi zum Mitnehmen bestellen. Die

Bedeutung, die dem Essen und seiner Zubereitung zugemessen wird, lässt sich teilweise nur schwer fassen. Jede Geste und jeder Gegenstand hat einen eigenen symbolischen Wert. Bestes Beispiel hierfür ist die traditionelle Zeremonie bei der Teezubereitung.

Malaysia und Japan – zwei Extreme, die unterschiedlicher nicht sein können, aber die gerade durch ihre geographische Zugehörigkeit zum asiatischen Kontinent auch viele, gemeinsame Traditionen aufweisen. Durch die kulturellen Besonderheiten und individuellen Traditionen bleibt jedoch letztlich jedes Land ein Faszinosum für sich.

Die facettenreiche Küche Malaysias

Die „Stadt an der schlammigen Flussmündung" –
so lautet die deutsche Übersetzung für den
Namen Kuala Lumpur aus der mailaiischen Sprache (*bahasa malaysia*) – hat viele Gesichter. Im
Kolonialviertel rund um den Unabhängigkeits-

platz „Dataran Merdeka" geht es eher ruhig zu. Je
näher man den ethnischen Vierteln Little India
und Chinatown kommt, desto belebter werden
die Straßen. Den Höhepunkt bilden die Abende,
wenn das Nachtleben zu pulsieren beginnt.

Die zahlreichen Verkaufsstände und Garküchen in Kuala Lumpur bieten alles, was das Herz begehrt. Die Gerichte werden in Schalen oder in Bananenblättern angeboten.

Der abendliche Markt in Little India bietet ein besonders buntes Bild: ein Farbenmeer bunter Saris, die vor den Geschäften im Wind flattern. Ein Irrgarten enger Gassen, durchzogen von den Düften exotischer Gewürze und Räucherstäbchen. Glitzernde Armreife und Ringe, Schmuck für Gesicht und Hände und in Tiergestalt geformte Göttterskulpturen locken die Besucher an. Auf den Gehsteigen wird an kleinen Verkaufsständen pikantes Gemüse frittiert und süßes, mit Honig und Zucker überzogenes *Paratha* (blättriges Brot aus Indien) feilgeboten. Noch ein Stück weiter bieten

Unmengen von Obst und Gemüse ein äußerst reizvolles Farbenspiel zu den rosa, grün und gelb gestrichenen Kolonialhäusern.

In der malaiischen Küche vermischen sich kulinarische Elemente des asiatischen Raumes mit arabischen Einflüssen. Von früh bis spät kann man an den zahlreichen Verkaufsständen das facettenreiche Speiseangebot bewundern und frisches Obst, Fleisch- und Gemüsespezialitäten kaufen. Wer jedoch sein Gericht nach südindischer Tradition auf einem frischen Bananenblatt serviert bekommen möchte, für den empfiehlt

sich der Besuch eines der vielen Restaurants in Little India. Bei dieser speziellen Zubereitungsform dienen die riesigen Bananenblätter als praktische Einwegteller, auf denen dem Gast kleine, mit Masala und verschiedenen Soßen verfeinerte Reishäufchen serviert werden, die man üblicherweise mit den Händen isst.

Eine weitere Besonderheit sind die winzigen *five foot stalls*, die an Straßenecken oder auch neben Restaurants und Cafés zu finden sind. An den nicht mehr als „fünf Fuß" großen Verkaufsständen – denn genau für diese Fläche wurde den

Nyonya Kuih Pie Tee

Die *Nyonya*-Küche hat ihren Ursprung im malaiischen Malakka, wo sich einst die ersten chinesischen Siedler niederließen. Die Kochtradition ist dort bis heute fest im Alltag der Menschen verankert. Dank der Gastfreundschaft der Einheimischen stehen vielen Besuchern die Häuser jederzeit offen. Wenn man die Stufen zu einem der Häuser hinaufgeht, erblickt man zunächst einen kleinen, mit Kerzen und Räucherstäbchen geschmückten Altar. Gleich dahinter liegt dann die Küche.

Zutaten für 40 Körbchen:
Für die Körbchen: 125 g Mehl TYP 00, 30 g Reismehl, 1 Ei, 150 ml Wasser, Bratöl, Salz
Für die Füllung: 450 g Jicama, ½ Karotte, 5 Brechbohnen, 50 g Garnelen, 2 Knoblauchzehen, 70 ml Wasser, Omelettestückchen, 1 Schalotte, 1 rote Paprika, Zucker, Hühnerbrühe, 1 Esslöffel Öl, Salz

Mehl, verquirltes Ei, eine Prise Salz und Wasser vermengen und zu einem homogenen Teig verarbeiten. Den Teig einige Zeit ruhen lassen. Öl erhitzen und Frittiereinsatz (für *Pie Tee* gibt es spezielle Frittierkörbe) eintauchen. Anschließend Frittierkorb durch den Teig ziehen, so dass sich der Teig gleichmäßig an den Seiten und der Unterseite verteilt. Überschüssigen Teig entfernen und Frittierkorb in das heiße Öl tauchen. Teig aus dem Einsatz lösen und das entstandene „Teigkörbchen" frittieren. Mit einem Küchenkrepp abtrocknen und Körbchen in einer Schüssel sammeln. Für die Füllung: gehackten Knoblauch anbraten und Garnelen hinzugeben. Klein geschnittenes Gemüse mit etwas Hühnerbrühe, Zucker, Salz und Wasser vermengen und andünsten. Die Körbchen mit dem Gemüse füllen und mit Omelettestückchen, klein geschnittener Schalotte und Paprika garnieren.

Die Bambuskörbe, in denen die gedämpften Teigtaschen zubereitet werden, gibt es in unterschiedlichen Größen; Auf dem Markt gibt es eine unglaubliche Vielfalt an frischem Gemüse.

Händlern eine Konzession erteilt – wird traditionelles *Streetfood* verkauft.

Die Petaling Street in Chinatown ist vor allem für die kleinen Teegeschäfte bekannt, in denen man Tee probieren und dabei zuschauen kann, wie dieser professionell zubereitet wird. Mit großer Kunstfertigkeit werden zunächst getrocknete Teeblätter mit heißem Wasser übergossen. Anschließend wird der Tee in eine Kanne gefüllt, die auf der Außenseite mit warmem Wasser benetzt wird. Zum Abschluss wird der chinesische Tee dann mit flinken und gekonnten Bewegungen in

kleine Schüsseln gegossen. Die Malaien bevorzugen den Tee, der von der in den Cameron Highlands gelegenen Teeplantage BOH – das steht für *Best of Highlands* – stammt. Auf dem historischen Lebensmittelmarkt der Hauptstadt haben auch Touristen die Möglichkeit, das köstliche Heißgetränk zu probieren.

Auf der Suche nach den besten Leckerbissen, die man unter freiem Himmel genießen kann, zieht es die meisten Besucher Kuala Lumpurs abends in diese beiden berühmten Viertel. Doch nicht nur in Chinatown und Little India kann man sich

mit köstlichem *Streetfood* verwöhnen. Auch die Asian Heritage Row hat einiges zu bieten. Mit ihren historischen Gebäuden ist diese Straße besonders bei Nachtschwärmern beliebt. Rund um die Uhr kann man sich hier mit einem leckeren Imbiss stärken, und in den letzten Jahren avancierte das Viertel immer mehr zum Inbegriff des städtischen Lebens von Kuala Lumpur. Es ist ein absolutes Muss sich hier mit seinem Imbiss in einen der Sessel zu setzen und sein Essen bei einer traditionellen Fußmassage vor dem Hintergrund der berühmten Petronas Towers zu genießen.

Kulinarische Vielfalt der japanischen Küche

Sie wollen, dass Ihnen ein Japaner etwas über *sushi* erzählt? Dann fragen Sie am Besten jemanden aus Tokio, denn dort wird rund um den Fischmarkt das beste Sushi aus fangfrischem Fisch verarbeitet und anschließend in den Restaurants und Sushi-Bars der Stadt verkauft. Unzählige Essensstände, an denen man sich quasi im Vorbeigehen mit einem kleinen Imbiss versorgen kann, sind der beste Beweis für den schnellen Rhythmus der Millionen-Metropole. Nach Feierabend reihen sich endlose Schlangen von Geschäftsmännern vor den kleinen Läden, die *ramen* (japanische Nudelsuppe) zum Mitnehmen verkaufen. Eine populäre Alternative sind die japanischen „pubs", die *ramen* ebenfalls als schnelle Mahlzeit für zwischendurch anbieten. Die mittlerweile zum Fast-Food-Gericht avancierte Nudelsuppe gibt es in unterschiedlichen Varianten. Besonders beliebte Einlagen sind Schweinefleisch, Algen, Ei oder Sojasprossen. Ein Schild an der Tür kennzeichnet die Restaurants, die sich explizit auf die Zubereitung von *ramen* spezialisiert haben. Einmal unter den Stoffbändern hindurch, die traditionell

Traditioneller Straßenimbiss in Tokio; die Zubereitung der „japanischen Pizza" *onomiyaki* erfordert viel Erfahrung und Können; der Fischmarkt ist berühmt für seinen frischen Thunfisch.

die Türrahmen japanischer Restaurants zieren und schon steht dem Genuss der schmackhaften Nudelsuppe nichts mehr im Wege.

Unsere kulinarische Entdeckungsreise führt uns weiter nach Osaka, das als „Zentrum des guten Geschmacks" gilt und dann nach Hiroshima, das besonders für seine Austern und die „japanische Pizza", *okonomiyaki*, bekannt ist. Der Teig für

okonomiyaki wird zusammen mit Gemüse, Fleisch und Eiern auf einer heißen Platte gebacken. Anschließend wird der Teigfladen zerteilt und unter den Gästen, die in geselliger Runde um die Eisenplatte herum sitzen, verteilt. Weiter geht es nach Kyoto: Jenseits des Flusses Kiamo liegt in einer Gasse, die die Grenze zwischen dem modernen Stadtteil und den historischen Stadt-

vierteln mit ihren charakteristischen Holzhäusern bildet, der Nishiki Food Market. Inmitten von historischen Gebäuden und Einkaufszentren in der „Stadt der Geishas" gelegen, ist ein Besuch des äußerst gepflegten Marktes, ein unvergessliches Erlebnis. An den Marktständen gibt es unbeschreiblich viele Lebensmittel, die mindestens genauso exotisch sind wie ihre Bezeichnungen.

Okonomiyaki

Der Name für die „japanische Pizza", wie die Spezialität aus Osaka auch genannt wird, hat eine ungewöhnliche Bedeutung. *Okonomiyaki* heißt übersetzt soviel wie „füge hinzu, was Dir beliebt und brate es". Und genau so wird es auch gemacht: für die Zubereitung werden die verschiedenen Zutaten gemischt und auf einer heißen Platte gebraten. Eier, Mehl und Kohlblätter gehören dabei zu den Grundzutaten der Spezialität. Je nach Geschmack können weitere Zutaten wie Bauchspeck, Karotten, getrockneter Fisch, Tintenfisch, Algen oder Zwiebeln hinzugefügt werden.

Zutaten für 4 Personen:
1 japanischer Kohl oder Wirsing, 5-6 Scheiben frischer Bauchspeck, 120 g Mehl, 5 Eier, 500-750 ml lauwarmes Wasser, ½ Päckchen gekörnte Brühe, Beni shoga (marinierter Ingwer, rot), Aonori (alternativ klein gehackter Nori), Katsuobushi (getrockneter und zerriebener Thunfisch), Mayonnaise, Okonomiyaki-Soße, Öl

Kohl von den äußeren Blättern befreien, Blattstrünke entfernen, waschen und in feine Streifen schneiden. Kohlstreifen mit dem in Würfel geschnittenem Beni shoga in eine Schüssel geben. Bauchspeck mit Fleischklopfer bearbeiten. Brühe in Wasser auflösen, Eier und Mehl hinzugeben und zu einem Teig verrühren. Zu Kohl-/Ingwergemisch geben und erneut verrühren. In einer Pfanne Öl erhitzen und Teiggemisch hineingießen. Bauchspeck hinzufügen. Das gebackene „Omelett" auf einen Teller geben und mit Mayonnaise, Okonomiyaki-Soße, etwas Aonori und einer Handvoll Katsuobushi anrichten.

Bento

Wer nach Japan reist, sollte auf keinen Fall verpassen, diese Besonderheit der japanischen Küche kennen zu lernen. Ein Bento ist ein kleines, in mehrere Fächer unterteiltes Kästchen, in dem die unterschiedlichsten Speisen angeordnet werden können. Aus dem japanischen Alltag sind die Bento-Boxen, die man auch als eine Art Picknickkorb oder Multifunktionsteller bezeichnen könnte, nicht mehr wegzudenken. Ob in der Schule oder im Büro, bei Ausflügen ins Grüne oder anlässlich des traditionellen Kirschblütenfestes – die prakti-

schen „Essensdosen" sind ständige Begleiter der Japaner. Entstanden ist das Kästchen bereits im 13. Jahrhundert. Damals diente es auf langen Reisen als praktischer Transportbehälter für gekochten oder getrockneten Reis. Die japanischen Speiseregeln für Bentos schreiben vor, dass jedem Fach eine bestimmte Speise zugeordnet werden muss, das Essen in kleine Portionen einzuteilen ist und die einzelnen Speisen miteinander harmonieren müssen. Das traditionelle Bento besteht aus einer Fisch- oder Fleischspeise, die jeweils mit gekochtem oder eingelegtem Gemüse und Reis, Tofu und grünem Tee kombiniert wird. Im Laufe der Jahre wurde die klas-

sische Variante jedoch durch zahlreiche fantasievolle Kreationen ergänzt. Heute findet man Bentos fast überall: an Bahnhöfen und in Supermärkten, aber auch in Restaurants und an zahlreichen Straßenverkaufsständen. Eine Besonderheit sind allerdings nach wie vor die speziellen Bento-Shops, in denen man der eigenen Fantasie freien Lauf lassen und sich sein Bento selbst zusammenstellen kann. Meist sind die Sitzbänke so gefüllt, dass man gar nicht umhin kommt, auch einmal einen Blick auf das Bento seines Sitznachbarn zu werfen. Beim japanischen Bento ist die ästhetische Wirkung mindestens genau so wichtig wie der Geschmack!

Kirschen und Picknick, Japan

Frühling in Japan: in der Empfangshalle der Hotels hängt eine Tafel aus, an der morgens ein, zwei oder drei Blütenblätter den aktuellen Blütenstand der Kirschbäume anzeigen. In der letzten Märzwoche blühen die ersten Kirschbäume auf der Insel Kyushu. Die Kirschblüte (*Sakura*) verbreitet sich nun in nord-östlicher Richtung über das ganze Land und taucht es für etwa einen Monat in ein faszinierendes Meer aus rosafarbenen und weißen Blüten. Während des Kirschblütenfestes machen sich bereits am frühen Morgen – sowohl in der Stadt als auch auf dem Land – die Familienoberhäupter auf den Weg in die Parks, um sich die besten Picknickplätze zu sichern. Wenn sie ein passendes Plätzchen gefunden haben, breiten sie ihre Picknickdecke aus und warten auf die restlichen Familienmitglieder, die einige Zeit später eintreffen und Speisen, Getränke, Fahrräder, Fotoapparate, Musik und Spielzeug für die Kinder mitbringen. In der Hocke sitzend bilden die Familien dann einen Kreis und beginnen zu essen – damit ist das Kirschblütenfest offiziell eröffnet. Unerlässlicher Begleiter eines Kirschblüten-Picknicks ist der *Bento*: Kästchen aus Holz, bei dem die unterschiedlichen Speisen mit einem Schieber voneinander getrennt werden. Überall sieht man Essensstände, an denen man Reisgerichte kaufen kann und Verliebte, die unter den Kirschbäumen umherwandeln und bei der symbolischen Berührung der Zweige Liebesversprechen austauschen.

Auf dem kleinen Markt des nahe Kyoto gelegenen Dorfes Ohara stärkt man sich bereits am frühen Morgen mit einer wärmenden Misosuppe.

Im Zentrum von Kyoto kann man, barfuß und mit überkreuzten Beinen auf einer *tatami* sitzend, die besten frittierten *tempura*-Spezialitäten genießen oder einfach nur zuschauen, wie die Köche mit großer Kunstfertigkeit *teppanyaki* zubereiten. Mit scharf gewetzten Messern zerkleinern sie gekonnt Garnelen, Filetstücke vom Kobe-Rind, Pilze, Artischocken und Zucchini, die dann auf einer heißen Stahlplatte direkt am Tisch zubereitet werden. Wer sich etwas weiter in die Geheimnisse der japanischen Küche vorwagen will, sollte auf

jeden Fall auch *shabu shabu* probieren. Die Zubereitung des Gerichtes erfolgt durch das Eintauchen und mehrfache Hin- und Herbewegen von dünnen Fleischstreifen in kochender Brühe. Übrigens: das Geräusch, das dabei entsteht, hat dem Gericht seinen Namen verliehen. Ob man nun einen Imbiss auf der Straße isst oder in ein Restaurant einkehrt – in Japan werden Etikette und Manieren groß geschrieben. Vor dem Essen faltet man traditionell die Hände und bedankt sich mit „Itadakimasu!" bei den Tieren und Pflanzen da-

für, dass sie den Menschen als Nahrung dienen. Das Essen endet mit „Gochisosama deshita!", einer Danksagung an die Götter, Mutter Natur und den Koch. Um Tischdekoration muss man sich keine Gedanken machen – in den Restaurants gibt es weder Tisch noch Stühle. Gegessen wird im Schneidersitz, wobei die Beine nicht verschränkt werden sollen. Auch was die Stäbchen angeht, gibt es feste Regeln: so dürfen sie niemals auf der Reisschale abgelegt werden und die Portionen, die man zum Mund führt, sollten keinesfalls zu groß sein.

Fünf Füsse

Yogyakarta, Indonesien: Imbiss an einem der winzigen *kaki lima*, den typisch indonesischen Straßenverkaufsständen; Gemüse im Teigmantel.

„Fünf Füße" ist die Bezeichnung für die mobilen Straßenverkaufsstände, von denen es in Indonesien neben den vielen stationären Restaurants nur so wimmelt und an denen die unterschiedlichsten kulinarischen Spezialitäten frisch zubereitet werden. *Kaki lima* heißen sie bei den Einheimischen und sie verfügen tatsächlich über fünf Füße: zwei Räder, einen Stützpfeiler aus

Holz und die beiden Füße des Verkäufers. In Indonesien ist das Kochen meist den Männern vorbehalten und so sind sie es, die mit den fahrenden Mini-Küchen unterwegs sind. In Jakarta ziehen die Verkäufer mit ihren *kaki lima* auf der Suche nach besonders belebten Standorten von Viertel zu Viertel. So sieht man die fliegenden Händler nach der Gebetszeit etwa auf Plät-

zen und Straßen, die in der Nähe einer Moschee liegen; am Abend postieren sie sich dann meist an den Straßenkreuzungen, die möglichst viele Menschen auf ihrem Nachhauseweg von der Arbeit passieren. Einige der Verkaufsstände haben jedoch auch ihren festen Platz. Dann werden vor dem Gefährt häufig kleine Plastikhocker und wacklige Tischchen aufgestellt. Einige „five feet"-

Süßer Imbiss aus gefärbten Wasserkastanien mit Zuckersirup; verführerische Auswahl an unterschiedlichsten Saté-Spießen.

Stände haben sich so gut etabliert, dass sie von ihren Stammgästen gezielt angesteuert werden. Ganz egal zu welcher Uhrzeit – Essen ist fester Bestandteil des indonesischen Lebensstils. Die Stände locken mit einem kulinarischen Repertoire, das vom beliebten *bakso*, einer Gemüsesuppe mit Fleischbrätbällchen, bis hin zu den berühmten *Satay* (Saté-Spießen), die inzwischen weite Teile Asiens erobert haben, reicht. Die köstlichen, gegrillten Fleischspieße werden mit Hühnchen- oder Rindfleisch zubereitet, es gibt aber auch Fledermaus- und Hundefleisch-Saté. Nach muslimischer Tradition wird dagegen auf Schweinefleisch völlig verzichtet. In den großen Wok-ähnlichen Eisenpfannen der mobilen Garküchen wird Gemüse angebraten und aus gebratenem Reis, Gemüse, Fleisch, Garnelen, Fischstückchen und allerlei Arten von Gewürzen das beliebte Reisgericht *nasi goreng* zubereitet. Als sättigendes Hauptgericht, das von jedermann gerne gegessen wird, erklärte Präsident Sukarno *nasi goreng* in den 1950er Jahren zum Nationalgericht. Inzwischen gibt es die populäre Spezialität in den unterschiedlichsten Varianten.

Satay
Auch wenn die Saté-Spieße aus Singapur besonders berühmt sind, ist die Grillspezialität unter verschiedenen Namen auch in vielen anderen südostasiatischen Ländern ein beliebter und weit verbreiteter Imbiss. Ursprünglich stammt *satay* aus Indonesien, wo es die Spieße bis heute in den unterschiedlichsten Varianten gibt.

Zutaten für 4 Personen:
500 g Hühnerbrust, 75 ml Sojasoße, 45 ml passierte Tomaten, 3 Knoblauchzehen, Kümmelpulver, 20 ml Erdnussöl, Schwarzer Pfeffer, grob, 40 g Zwiebeln, 235 ml Wasser, 130 g Erdnussbutter, 25 g Zucker, 20 ml Zitronensaft

In einer Schüssel 45 ml Sojasoße, passierte Tomaten, zwei gehackte Knoblauchzehen, Kümmel, frisch gemahlenen, schwarzen Pfeffer und Erdnussöl mischen. Die entbeinte Hühnerbrust in Würfel schneiden und in die Marinade geben. Mindestens 30 Minuten abgedeckt im Kühlschrank ziehen lassen. Für die Erdnusssoße: in einer Pfanne Öl erhitzen und darin zerkleinerte Zwiebeln und gehackten Knoblauch anbraten. Wasser, Erdnussbutter, 30 ml Sojasoße und Zucker hinzugeben. Unter ständigem Rühren kochen, bis eine sämige Soße entsteht. Pfanne vom Herd nehmen, Zitronensaft hinzugeben und beiseite stellen. Grillpfanne oder Barbecue-Grill einfetten. Die Fleischwürfel aus der Marinade nehmen, abtropfen lassen und auf einen Grillspieß stecken. Auf jeder Seite 5 Minuten anbraten und mit der Erdnusssoße servieren.

Fleischereistand in den Straßen von Bangkok: Schweinefleisch gehört neben Reis zu den wichtigsten Elementen der thailändischen Küche.

In den Strassen von Bangkok, Thailand

Für Liebhaber guten Essens ist Thailand das wahre Paradies. Insbesondere Bangkok hat viele kulinarische Höhepunkte zu bieten. Neben den gehobenen Restaurants, die „Fusion-Food", aber auch traditionelle thailändische Küche anbieten, gibt es auf den Straßen und Märkten eine unglaubliche, kulinarische Vielfalt. In den kleinen Restaurants hat man die Qual der Wahl zwischen Fleischbällchen, gegrillten Calamari und frittierten Bananen. Besonders facettenreich ist das Essensangebot in den angesagten Vierteln der Stadt. Yaowarat, das Chinatown Bangkoks, ist für besonders günstiges *Streetfood* bekannt. Hier pulsiert das kulinarische Leben vor allem nachts, wenn Liebhaber von gedämpften Ravioli, Reissuppe und chinesischen

Kräutergetränken die Straßen beleben. In den Seitengassen stehen die Menschen in langen Schlangen vor den Imbissständen, die Fisch und Meeresfrüchte zum Mitnehmen anbieten. Die Narathiwat-Ratchanakharin Road ist ein weiterer gastronomischer Magnet Bangkoks. Bekannt ist die Straße für die kleinen *soi*-Bars, die jede Nacht überfüllt sind und von jedermann – egal ob einfacher Arbeiter oder Firmenchef – gerne besucht werden. Ein weiteres Highlight sind die Imbissstände rund um die Saladeng-Road im berühmten Silom-Viertel, an denen vom frühen Abend bis spät in die Nacht frische Fischgerichte verkauft werden. Das Silom-Viertel ist wohl das turbulenteste Viertel der ganzen Stadt und besonders für Nudeln, Reis mit gebratenem Schweinefleisch oder anderen Fleischsorten und natürlich *wanton* (Wan Tans) berühmt. Auch entlang des Flusses Chao Phraya gibt es viele interessante Plätze, an denen thailändische Spezialitäten wie gebratener Reis, Reisomelette, Gemüse- und Fleischspieße, frische Meeresfrüchte, Reis mit Hühnchen, *sukiyaki* und *som tam* die Gourmets anziehen.

China und Indien

野生刺猬汤 28元（1只）　野生乌龟汤 100元

188元

这汤那汤喝出营养、喝出健康　凭卡退罐

ab S. 120: Verkaufsstände am bekannten Strand Juhu Beach in Mumbai; schwimmender Markt in Srinagar, Indien; In einer Keramikschüssel bleiben Suppen besonders lange warm.

Die besondere Nachbarschaft dieser beiden Länder, in denen zusammen beinahe die Hälfte der Erdbevölkerung lebt ...

China und Indien ist eine Vielzahl an unterschiedlichen Glaubensrichtungen, philosophischen Ansätzen und natürlich das pulsierende Leben ihrer Großstädte gemein. In den Straßen, in denen es von Menschen nur so wimmelt, hier wird gekocht und gegessen. Von hier aus verbreiteten sich die kulinarischen Traditionen und die exotischen Düfte nach Curry, Masala und *dim sum* über die ganze Welt. In der westlichen Küche setzen gerade die exotischen Gerichte aus China und Indien geradezu kulinarische Trends. Bei einem Blick auf die Speisekarte in einem indischen Restaurant entdeckt der Gast eine riesige Auswahl an klassischen *Streetfood*-Gerichten, die kleine Snacks, aber auch Hauptgerichte umfassen. Die Rezepte für diese Gerichte stammen meist aus kleinen, unbekannten Dörfern, die „irgendwo im nirgendwo" liegen. Ein beliebter Vertreter dieser Spezialitäten ist beispielsweise *Naan* mit Käse. Das indische Fladenbrot, das zusammengeklappt wird, bekommt man vor allem in den kleinen Essensläden, die ihre Speisen im Freien zubereiten. *Naan* wird als Beilage gereicht und mildert die Schärfe der meist sehr pikant gewürzten Speisen.

Streetfood in Indien

Das indische Straßenleben ist so bunt und kontrastreich wie das Land. Armut neben Reichtum, elegante Straßenzüge neben fast vergessen wirkenden Orten. Die indische Küche hat sich mittlerweile in der ganzen Welt einen Namen gemacht und in vielen Ländern kulinarische Trends gesetzt. Doch dies alles ist letztlich nur ein winziger Teil der kulinarischen Vielfalt und des pulsierenden Straßenlebens Indiens. In den besonders heißen Regionen des Landes wurden die meisten Speisen vor allem vom unglaublichen Reichtum an Obst und Gemüse inspiriert.

So hat sich im Laufe der Jahre eine enorme Vielfalt an regionalen Spezialitäten herausgebildet. Bei Sonnenuntergang strömen die mobilen Händler von überall herbei und von den Kontrasten des Landes bleibt das faszinierende Repertoire der indischen Küche.

Gewürzstand auf dem Markt in Delhi; Mobiler Verkaufswagen mit gekühlten Getränken; Fliegende Händler mit frittierten Leckereien.

Bollywood, Mumbai, Indien

Die indische Metropole Mumbai – bis 1995 Bombay – verdankt ihre besondere Bedeutung vor allem der Filmindustrie. Mumbai ist die Heimat von

Bollywood – der Welt von Megastars und Liebesgeschichten, bei denen die Romantik mit Hilfe wunderschöner Landschaftsaufnahmen, Poesie, Musik und Tanz zum Ausdruck gebracht wird. Mumbai ist aber auch für seine Esskultur berühmt. Eine besondere Tradition verbindet das Essen wiederum mit dem Filmischem. Da sich die Vorführung von Bollywood-Filmen meist über mehrere

Stunden hinzieht (manchmal sogar bis zu einem Tag), bringen die Filmliebhaber ihr Essen einfach ins Kino mit. Hierfür wird entweder zuhause eine Kleinigkeit vorbereitet oder auf das reichhaltige Speiseangebot der mobilen Verkaufsstände zurückgegriffen. Schon früh postieren sich die „fliegenden Händler" rund um die Kinos, um dann, sobald die Sonne untergegangen ist, aus allen

Ecken herbeizuströmen. *Bhel puri*, das in Mumbai traditionell nach dem Rezept der Provinz Gujarat zubereitet wird, besteht aus einer Art Puffreis (eigentlich eine Knuspermischung aus gerösteten Körnern), der mit unterschiedlichen Gewürzen, Tomaten, Zwiebeln, Kartoffeln, Chutney, Chili und Koriander kombiniert und schließlich mit Tamarinden- oder Limettensaft, Salz und Chili verfeinert wird. Auch in anderen Teilen Indiens gilt *Bhel puri* – dann unter anderem Namen und in den unterschiedlichsten Varianten – als regionale Spezialität. Rund um Mumbais berühmtestes Wahrzeichen „Gateway of India" und entlang des Chowpatty-Beach kann man an den Verkaufsständen *Bhel puri* und *Pav bhaji* – klein geschnittenes, gedünstetes Gemüse, das mit einem dünnen, weichen Brot serviert wird – kaufen. Hier am Strand von Mumbai ticken die Uhren langsamer. Es geht nicht etwa wie in der Großstadt darum, sich in möglichst kurzer Zeit mit einer einfachen Zwischenmahlzeit – wie etwa einer *Pakora* – zu versorgen, sondern darum, die Seele baumeln zu lassen, den herrlichen Blick auf das Arabische Meer und eine der vielen Köstlichkeiten zu genießen.

Samosa und Pakora

Für *Pakora* wird zunächst ein dünnflüssiger, homogener Teig aus Kichererbsenmehl, Zitronen und Wasser hergestellt, der mit Kurkuma und weiteren Gewürzen verfeinert wird. Anschließend werden kleinen Stücke von Blumenkohl, Kartoffeln, Zwie-beln und Paprika in den Teig getaucht und in heißem Öl frittiert. Serviert werden *Pakora* dann meist mit etwas Tamarindensoße. Bei der Zubereitung des einfachen Imbisses spielt Gemüse die Hauptrolle. Entsprechend der reichen Geschmackswelt

Verkauf von frittierten Teigtaschen am Zugfenster; Zubereitung der indischen Spezialität *Pakora*.

Indiens wurde die ursprüngliche Version der Blumenkohl-*Pakoras* im Laufe der Zeit um unzählige Varianten erweitert. Eine weitere *Street-food*-Spezialität der indischen Küche besteht aus ganz ähnlichen Zutaten: bei den *Samosa* handelt es sich um Teigtaschen, die mit Gemüse gefüllt und ebenfalls in heißem Öl frittiert werden.

Auch auf der anderen Seite des Indischen Ozeans, in Kenia, werden die Teigtaschen mit einer Fleischfüllung angeboten. Samosa wird hier stärker gewürzt und mit etwas Curry verfeinert. Hierfür wird das Gemüse in Würfel geschnitten und angedünstet. Anschließend wird die Gemüsemischung löffelweise auf hauchdünne Teigecken gegeben, zu kleinen Taschen zusammengeklappt und in der Pfanne in reichlich heißem Öl ausgebacken. Infolge der besonderen, gemeinsamen Geschichte von Indien und Südafrika haben die indischen Teigtaschen in der südafrikanischen Küche deutliche Spuren hinterlassen. Im 18. Jahrhundert wurden zahlreiche Inder als Sklaven in die niederländischen Kolonien Südafrikas gebracht. In einigen islamischen Gebieten Südafrikas sind die *Pakora* heute unter dem Namen *Dhaltjies* bekannt und werden dort hauptsächlich während der Fastenzeit *Iftar* oder anlässlich von Hochzeitsfeiern gegessen.

SPL. PAV BHAJI

Pav Bhaji
Ursprünglich diente das Gericht als kleine und leichte Zwischenmahlzeit für die Arbeiter, die in der Textilindustrie von Mumbai beschäftigt waren und mittags nicht viel Zeit zum Essen hatten. Der Name der Spezialität verrät, welche Zutaten für ihre Zubereitung verwendet werden, nämlich Gemüse und Curry (*Bhaji*), das mit Brot (*Pav*, das sich vom Portugiesischen *pão* ableitet) serviert wird. Im westlichen Indien wird das Gericht an Straßenständen verkauft, die dort *Pav bhaji chi Gaadi* oder *Pav bhaji varo* heißen.

Zutaten für 4 Personen:
1 Blumenkohl, 3 Kartoffeln, 1 grüne Paprika, 1 Teelöffel Knoblauch-Ingwer-Paste, ½ Teelöffel Kurkuma, Chili, 1 Esslöffel Tomatenkonzentrat, 1 Esslöffel Pav Bhaji Masala, Zwiebeln, Zitronen, 1 Esslöffel Butter, 2 Esslöffel Öl, Salz.

Blumenkohl waschen und in Röschen teilen. Kartoffeln schälen, waschen und in breite Scheiben schneiden. Die Kartoffelscheiben und den Blumenkohl getrennt voneinander in heißem Wasser kochen. In einer Pfanne mit hohem Rand Öl erhitzen und darin die klein geschnittene, grüne Paprika zusammen mit der Knoblauch-Ingwer-Paste andünsten. Kurkuma, Chili und eine Prise Salz hinzufügen. Etwa eine Minute lang kochen lassen und anschließend Tomatenkonzentrat, Blumenkohl, Kartoffeln, Pav Bhaji Masala und Butter dazugeben. Nur so lange kochen, dass das Gemüse noch bissfest ist. Mit den gehackten Zwiebeln, Zitronenscheiben und dünnem, weichem Brot servieren.

Chapati

Chapati ist ein indisches Fladenbrot, das traditionell ohne Hefe hergestellt wird. Bis heute wird mancherorts das Mehl für den *Chapati*-Teig, das nach einem uralten Rezept aus Hirse, Gerste, Buchweizen besteht, noch selbst gemahlen. Zu den indischen Brotspezialitäten, die ebenfalls ohne Hefe zubereitet werden, gehören auch *Naan*, *Puri* (aus Hartweizenmehl) und *Roti* (aus rotem Reis- oder Maismehl).

Zutaten für 8 *Chapati*:
500 g Hartweizenmehl, Erdnusssamenöl, Salz

In einer Schüssel Mehl, Salz und Öl mit etwas lauwarmem Wasser vermengen. Unter Zugabe weiterer 500 ml Wasser zu einem homogenen Teig verarbeiten. Aus der Teigmasse kleine Kügelchen formen. Mit einem Tuch abdecken und 10 Minuten lang ruhen lassen. Teigkugeln in Mehl wälzen und vorsichtig in Form drücken. Mit einem Nudelholz zu etwa 3 mm dicken und 10 cm großen, runden Fladen ausrollen. Indische *Tawa*-Pfanne bzw. beschichtete Pfanne erhitzen und Teigfladen hinein geben. Solange braten, bis der Teig kleine Bläschen bildet. Mit einem trockenen Tuch die *Chapati* mehrfach wenden, bis der Teig sich wölbt. Fladen auf beiden Seiten mit *Ghee* (Butterschmalz) einpinseln. Fladenbrot zusammenklappen und in einem Körbchen servieren.

Streetfood in China

Ren wei shi wei tian, „Für das Volk ist Essen der Himmel": Diese alte chinesische Weisheit veranschaulicht die besondere Bedeutung von Essen und Kultur in China. Hier gibt es immer einen Anlass, sich gemeinsam an den Tisch zu setzen, um dann eine vollwertige Mahlzeit oder auch nur einen kleinen Imbiss zu sich zu nehmen. In der schnellen Küche erfreuen sich insbesondere *Xiaochi*, die günstigen kleinen Leckereien, großer Beliebt- und Bekanntheit. Einheimische und Touristen können sich an den winzigen Garküchen, die meist nur mit dem Nötigsten ausgestattet sind, von früh bis spät eine stärkende Pause gönnen. China blickt auf eine jahrtausendealte Geschichte zurück und gilt als Wiege einer der ältesten, heute noch genutzten Schriftsysteme der Welt. China zu erkunden, heißt: Abenteuer, extreme Kontraste, Herausforderung und Offenbarung. „Jeder Ort hat seine Flüsse, die von weit her durch das Land fließen und jeder Ort seine Mittel, seine

Zubereitung von „chinesischer Zuckerwatte"; die gedämpften Teigtaschen *Baozi* aus China; Fleischspieße aus Xinjiang; Reissäcke auf dem Markt von Wuhan; frisch zubereitete Reisnudeln.

Bewohner zu ernähren", so lautet ein chinesisches Sprichwort. Die chinesische Küche konnte über Jahrtausende aus einer unglaublichen Vielfalt an Nahrungspflanzen und Wildtieren schöpfen und verfügt heute über ein unvergleichliches kulinarisches Repertoire. In der chinesischen Küche verschmilzt die Einfachheit des Volkes mit dem Facettenreichtum der anspruchsvollen Esskultur, in der jede Zutat ihren eigenen symbolischen Wert hat. Ob auf Märkten, an Straßenkreuzungen, auf belebten Plätzen oder in kleinen, versteckten Gassen – das Stadtleben pulsiert von früh bis spät. Die Stände auf den Gehsteigen locken mit ihrer bunten Farbenpracht der unterschiedlichsten Obst- und Gemüsesorten, frischem Fleisch und Fisch. Hier wird Nudelsuppe gekocht und in großen Bambuskörben garen Teigtaschen. Unterschiedlichste Brotspezialitäten, gewürzte Spieße und andere kulinarische Leckereien werden zum Kauf angeboten.

Youtiao-Gebäck, *cong you bing* (eine Art Pfannkuchen) und chinesische Eier: ein Auszug aus der traditionellen Küche.

Chinesisches Frühstück: *Youtiao*

Das Frühstück ist der optimale Anlass, um die kulinarischen Schätze des chinesischen *Streetfood* kennen zu lernen. Bereits in den Morgenstunden kann man an den Essensständen *Youtiao* probieren. Die in Öl gebackenen Mehlstangen sind wohl das beliebteste Frühstück der Chinesen. Die stets frisch zubereitete Spezialität wird vor dem Servieren entweder noch einmal kurz auf die heiße, über

glühende Holzscheite gelegte Platte gegeben und mit Gewürzen verfeinert oder einfach in warme Sojamilch getunkt. Eine andere Variante wird aus weißem oder schwarzem Reismehl hergestellt, über offenem Feuer gebacken und dann ähnlich wie ein *Crêpe* zusammengefaltet. Je nach Geschmack wird das Gebäck anschließend mit süßlicher Erdnussbutter bestrichen oder pikant gewürzt.

Wang Fu Jing (Wangfujing Market), Peking, China

Für Freunde der exotischen Küche Chinas ist ein Bummel durch die farbenprächtige und belebte Straße Wang Fu Jing in Peking ein absolutes Muss. Unweit des berühmten Tian'anmen-Platzes genießt man auf dem Nachtmarkt die authentische *Xiaochi*-Küche. Hier ist noch nicht alles an den modernen Geschmack der Besucher angepasst und so kommen all jene Touristen, die schon immer der Überzeugung waren, in China würde man alles essen, was kreucht und fleucht, voll auf ihre Kosten. Neben dem „konventionellen" Angebot an verschiedenen Fisch- oder Fleischspießen, Obst und Gemüse findet man auch einladend gestaltete Imbissstände, an de-

nen Insekten, Reptilien, Skorpione, Seepferd-chen, Seesterne, Larven und Heuschrecken an-geboten werden. An den Bänken, die man in der Straßenmitte aufgestellt hat, kann man sich die teils frittierten, teils am Spieß servierten, exoti-schen Gerichte dann in aller Ruhe zu Gemüte führen. Der Verzehr von Insekten und Reptilien gilt in der traditionellen chinesischen Medizin als besonders gesund und ist daher sehr beliebt. Viele Restaurants halten lebendige Schlangen in Käfigen oder Kisten, von denen sich der Gast bei der Bestellung selbst ein Exemplar aussuchen darf. Das unglückselige Reptil wird daraufhin unverzüglich aus seinem Gefängnis befreit, ge-köpft, enthäutet und in der Küche oder, wenn es sich um ein Restaurant im Freien handelt, auch direkt vor den Augen des Gastes zuberei-tet. Schlange ist ein traditionelles Gericht der chinesischen Küche, zu dem gerne ein Brannt-wein aus Beeren und verschiedenen Kräutern ge-trunken wird.

Straßensnacks: *Baozi, Jiaozi, Mantou* und *Bing*

Die gedämpften Teigtaschen *Baozi* werden in ganz China gerne gegessen. In kleinen, sehr einfach ausgestatteten Essensläden drängen sich die Menschen um die Theke, hinter der die beliebte Spezialität in dampfenden Bambuskörben zubereitet wird. Üblicherweise werden die Teigtaschen, die mit Gemüse, Fleisch oder einer süßen Paste aus roten Bohnen gefüllt werden, in einem kleinen Körbchen verkauft. Wenn man die *Baozi* vor Ort

genießen möchte, erhält man meistens noch ein kleines Schälchen mit einer sauren oder pikanten Soße, in die man die *Baozi* dann tunken kann. Ein weiterer, beliebter Snack sind die *Jiaozi*, eine Art Ravioli, die ebenfalls mit Gemüse, Fleisch oder Bohnenpaste gefüllt werden. Im Unterschied zu den *Baozi* werden die *Jiaozi* nicht aus einem kräftigen Hefeteig, sondern einem hauchdünnen Teig aus Weizen- oder Reismehl hergestellt.

Das chinesische Brot heißt *Mantou*. Meist werden die gedämpften Brötchen in Form kleiner Bällchen oder Würfel angeboten, es gibt sie aber auch in anderen Formen und – je nachdem, welche Mehlsorte verwendet wird – auch in den unterschiedlichsten Färbungen. Bis heute werden *Mantou* gerne als Alternative zu Reis gereicht. Die *Mantou*, die aus weißem Weizenmehl hergestellt werden, schmecken eher

Die gedämpften Teigtaschen *Baozi* werden traditionell in Bambuskörben zubereitet; *Mantou* (gedämpfte Brötchen); *Jiaozi* (eine Art Ravioli) werden mit Stäbchen *(kuàizi)* gegessen.

neutral. Einen kräftigeren Geschmack haben die Brötchen, wenn sie aus anderen Getreidesorten wie gelbem Mais- oder dunklem Reismehl zubereitet werden.

Ebenfalls im ganzen Land beliebt sind die fladenbrotähnlichen *Bing*, die es in den unterschiedlichsten Varianten und Größen gibt. Die klassischen Basiszutaten sind: Mehl, Öl oder Butterschmalz, Zwiebeln und Fleisch- oder Speckwürfel. *Bing* werden traditionell ohne Fett auf einer Platte oder mit etwas heißem Öl in der Pfanne angebraten. Sie eignen sich perfekt als kleine Stärkung für zwischendurch, etwa während eines ausgedehnten Spaziergangs durch die chinesischen Städte, in denen sich moderne Viertel häufig mit historischen, bereits im Zerfall begriffenen Viertel abwechseln. Kaufen kann man die Köstlichkeit an den kleinen, mobilen Garküchen, die sich in der Nähe von Märkten und auf belebten Plätzen postieren. Von den meist alt und abgenutzt aussehenden Platten und Töpfen, mit denen die Köche hantieren, darf man sich nicht abschrecken lassen – im Nu werden die köstlichen Snacks frisch zubereitet. Zum Frühstück wird auch gerne eine süße Variante des Fladenbrots mit Rohrzucker und Ei oder auch mit Maisgrütze und -mehl gegessen.

Auf den Straßen von Chengdu und Shaoshan werden Kartoffeln über glühender Kohle zubereitet.

Süßkartoffeln aus der Glut

Süßkartoffeln werden im Norden Chinas meist während der kalten Wintermonate und im Süden des Landes an den etwas kühleren Tagen angeboten. Dann postieren sich die Verkäufer mit ihren meist behelfsmäßigen Konstruktionen aus Blech an den Straßenecken und verkaufen dort geröstete Süßkartoffen. In den ländlichen Gebieten gehören die Süßkartoffel-Verkäufer bis heute noch fest zum chinesischen Alltag. In den modernen und westlich geprägten Großstädten ist ihre Zahl in den letzten Jahren jedoch deutlich zurückgegangen.

Im rohen Zustand haben Süßkartoffeln eine längliche und leicht knollige Form. Erst die Glut sprengt die dunkle und schrumpelige Haut der Süßkartoffel auf, bringt das gelblich-orange Innere der Leckerei zutage und lässt köstliche Gerüche emporsteigen. Die Süßkartoffeln werden auf alten, rostigen Waagen abgewogen und nach Gewicht verkauft. Früher wurde die Spezialität noch in Zeitungspapier serviert, heute bekommt man sie jedoch meist in durchsichtigen Plastikschalen gereicht.

Baozi

Baozi sind im Dampf gegarte und mit Fleisch oder Gemüse gefüllte Teigtaschen der chinesischen Küche, die besonders häufig zum Frühstück, aber auch gerne als Snack zwischendurch gegessen werden. Meist sind es Frauen, bei denen man die frisch zubereitete Spezialität an einem der Straßenstände kaufen kann. Damit die Teigtaschen warm und frisch bleiben, werden sie häufig in Bambusbehältern transportiert, die auf den Verkaufswagen übereinander gestapelt werden.

Zutaten für 24 *Baozi*:
600 g Mehl Typ 00, 25 g Bierhefe, 200 ml warmes Wasser, 10 g Zucker, 1 Ei, 40 ml Erdnussöl, Salz
Für die Füllung: 50 g Hackfleisch (vom Schwein oder Huhn), 40 g rote Bohnen (gekocht), gehackte Petersilie, ½ Zwiebel gehackt, Ingwer (in Streifen geschnitten)

Hefe und Zucker in Wasser auflösen und mit Mehl, einer Prise Salz und einem Ei zu einem geschmeidigen Teig verarbeiten. Eine Stunde gehen lassen. Anschließend den Teig gut durchkneten und zu kleinen Kugeln formen. Zutaten für die Fleischfüllung in eine Pfanne geben und gut mischen. Teigkugeln platt ausrollen und einen Esslöffel Füllung in die Mitte geben. Die Ränder des Fladens zur Mitte hin über die Fleischfüllung heben und zu einer Art Beutel verschließen. Teigtaschen im Dampfgarer ca. 20 Minuten garen.

Dragon's beard candy

Die chinesische Süßigkeit *Dragon's beard candy*, auch „chinesische Zuckerwatte" genannt, wurde der Legende nach bereits vor 2000 Jahren als persönliches Naschwerk des Kaisers erfunden. Ihren Namen verdankt die Süßspeise, die aus hauchdünnen Fäden besteht, ihrer Ähnlichkeit mit einem weichen, feinen Bart. Aufgrund der aufwendigen Zubereitungsform – so wird die feine „Zuckerwatte" noch von Hand gezogen – wird die Süßigkeit in einem einzigartigen Schauspiel nur nur von speziellen Händlern angeboten.

Zutaten für 6 Drachenbart-Konfekte:
75 g Zucker, 150 g Maissirup (oder Glukosesirup), 75 g Erdnüsse, Klebreismehl

Zucker und Maissirup 5 Minuten aufkochen. Auf Zimmertemperatur abkühlen lassen. Masse gut umrühren und immer wieder auseinander ziehen, bis eine elastische Konsistenz erreicht ist und sich einzelne, feine Fäden bilden. Um zu vermeiden, dass diese aneinanderkleben, Fäden immer wieder mit Klebreismehl bestäuben. Den auf diese Weise entstandenen „Bart" in kleine Stücke schneiden und in die klein gehackten Erdnüsse tauchen. Frisch servieren und sofort genießen.

Amerika

ab S. 144: Die legendären gelben Taxis und die Lichtreklamen am Times Square im Theaterviertel von New York; Buntes Treiben auf dem Markt von San Juan Chamula, Chiapas, Mexiko.

Amerika – angesichts der extremen Vielfalt, die diesen Doppel-kontinent auszeichnet, müsste es eigentlich *Amerikas* heißen …

Bei einer Reise durch Nordamerika bietet sich einem ein recht buntes Bild. In den Glasfassaden der Wolkenkratzer spiegelt sich der blaue Himmel, überall vermischen sich europäische Einflüsse mit einem Hauch Moderne. Auch das kulinarische Angebot der nordamerikanischen Städte ist reich an Kontrasten – hier gibt es einfach alles: chinesische Speisen, italienische Köstlichkeiten und Bio-Lebensmittel. In Südamerika erscheint alles noch intensiver – der strahlende Himmel wirkt wie ein Magnet, der alle Gerüche und Farben anzieht und die perfekte Kulisse für das Leben der Menschen hier bietet, das sich zum Großteil im Freien abspielt. Das Essen unter freiem Himmel ist wesentlicher Bestandteil des städtischen Lebens und der Duft von köstlichen Speisen erfüllt Straßen und Plätze.

In Nordamerika hat das Essen einen anderen Stellenwert – ein Snack auf der Straße dient hier als Zwischenmahlzeit, kurzes Mittagessen oder auch als Leckerbissen, den man sich ausnahmsweise gönnt. Von der frühen Geschichte Amerikas, in der die ersten Siedler vom hohen

In der Nähe des *zocala*, dem Hauptplatz mexikanischer Städte, in Puebla: ein Tisch, ein paar Töpfe und im Handumdrehen verwandelt sich der Innenhof in ein kleines Restaurant!

Norden aus entlang der Pazifikküste nach Süden gezogen sein sollen, wissen wir nur wenig. Die jüngsten Funde, die diese Geschichte belegen, gehen auf das 19. Jahrhundert zurück. Um so mehr Spuren finden sich aus der jüngsten Vergangenheit, aus der Zeit, in der europäische und afrika-

nische Einwanderer aus den unterschiedlichsten Gründen nach Amerika kamen, dorthin flohen oder sogar verfrachtet wurden.

Gerade diese unterschiedlichen Einflüsse prägen Amerika bis heute und haben tiefe Spuren in der Sprache, den Menschen und dem Essen

hinterlassen. Zum kulinarischen Erbe Amerikas gehört auch heute noch das Zubereiten von Speisen und Essen auf der Straße. Was wäre New York ohne seine Hot-Dog-Stände, die Einheimische und Touristen mit ihren charakteristischen Schirmen und dampfenden Kes-

Ob auf der Straße oder in einem der großen Parks: in vielen amerikanischen Großstädten genießt man die Mittagspause im Sommer gerne unter freiem Himmel.

seln willkommen heißen und ebenso zum Stadtbild gehören wie die gelben Taxen im *Big Apple*. Und Mexiko wäre nicht Mexiko, wenn man dort nicht an jeder Ecke die typischen *Burrito*-Stände vorfinden würde, die ihren Gästen unter riesigen, bunten und an die cha-rakteristischen Sombrero-Hüte erinnernden Sonnenschirme Schatten spenden. Ob man sich nun mit einem Buch in der Hand oder mit Musik im Ohr auf eine Bank setzt, um dort etwas zu essen, die Mittagspause zu ge-nießen und den Arbeitsalltag für eine Zeitlang hinter sich zu lassen oder ob man sich unter ei-nen der Schirme stellt, unter denen köstliche *Enchiladas* verkauft werden – Essen gehört hier einfach zum Leben dazu. Und hier ergeben die unterschiedlichen Facetten Amerikas plötzlich auch ein stimmiges Gesamtbild.

Hot-Dog & Pretzels

Streetfood ohne Hot-Dog? In Amerika unvorstellbar! Auch wer noch nie in der *Downtown* einer amerikanischen Großstadt war, hat eine ungefähre Vorstellung davon, wie amerikanische Hot-Dog-Stände aussehen. Besonders berühmt sind die Hot-Dogs in New York, wo es die besten in ganz Amerika geben soll. Auf jeden Fall sollte man nach etwas Weißem Ausschau halten, denn traditionell werden die Würstchen entweder von einem weißen Wagen aus verkauft oder aber der Hot-Dog-

ab S. 150: Brezeln und Hot-Dogs: die zwei Ikonen des amerikanischen *Streetfood* sind nicht mehr aus dem Straßenbild der Großstädte wegzudenken.

Verkäufer ist in weiß gekleidet. Seinen Hot-Dog kann man mit oder ohne Zwiebeln bestellen und auf Wunsch mit Senf oder Ketchup kombinieren. Das Würstchen wird vom Grill oder direkt aus dem Sud in ein Brötchen gelegt. Jenseits des At-lantiks werden immer wieder Stimmen laut, die behaupten, der Hot-Dog schmecke ganz besonders gut, wenn er in französischem Baguettebrot serviert wird. Und auch wenn die Puristen an dieser Stelle die Nase rümpfen werden, so gibt es mittlerweile auch Hot-Dogs, für die ausschließlich Fleisch aus ökologischer Viehzucht verwendet wird – der Bio-Trend hat jetzt also auch schon den Hot-Dog erreicht. Die Würstchen für diese „ökologischen" Hot-Dogs werden zudem in Baguette serviert, das

Der Hot-Dog-Stand: zu jeder Tageszeit eine kleine Pause wert!

zuvor auf der Innenseite getoastet wurde. Hierfür wird nach französischem Vorbild ein halbes Baguette auf einen heißen Spieß gesteckt. Wichtigster Bestandteil des beliebten Snacks bleibt das lange, schmale Würstchen, das seinen Namen einem Cartoonisten zu verdanken hat, der den Imbiss Anfang des 19. Jahrhunderts als einen zwischen zwei Brötchenscheiben eingeklemmten, langgestreckten Dackel zeichnete. Wenn einem ein Hot-Dog allein nicht reichen sollte, kann man sich eine weitere Spezialität für unterwegs mitnehmen: die *Pretzel*, ein in Form einer großen Acht gebogenes, leicht gesalzenes Weichgebäck. Die *Pretzel* wird mit grobem Salz bestreut und aus der Hand gegessen.

Preiselbeermuffins
Preiselbeermuffins sind die klassische Variante des beliebten Gebäcks. In den Auslagen der nordamerikanischen *bakeries* locken jedoch noch unzählige weitere Varianten, beispielsweise mit Honig, Schokolade oder aus Maismehl.

Zutaten für 12 Muffins:
380 g Mehl, 200 g Zucker, 180 g Butter, 250 g Milch, 2 Eier, 1 Eigelb, 150 g Preiselbeeren, 1 Päckchen Backpulver, ½ Teelöffel Natron, 1 Päckchen Vanillin, Salz

Butter und Zucker für ca. 5 Minuten in einer Schüssel cremig rühren. In einer zweiten Schüssel Eier und Milch mit dem Schneebesen verrühren, dann mit Butter und Zucker vermischen. Mehl durchsieben und zur Mischung aus Backpulver, Natron und einer Prise Salz geben. Den Teig zu einer kompakten Masse verarbeiten. Einen Teil der Preiselbeeren für später beiseite legen, den Rest unter die Teigmasse mischen. Eingefettete und mit Mehl bestäubte Muffin-Backform (oder Backförmchen aus Papier) jeweils zu drei Viertel mit Teig befüllen. Die restlichen Preiselbeeren auf die Teigoberfläche setzen. Im vorgeheizten Backofen bei 160 °C für 20-25 Minuten backen. Vor dem Herausnehmen noch 5 Minuten im Backofen lassen.

Chocolate Chip Cookies (Schokoladenkekse)

Dieser klassisch süße Snack für unterwegs wurde angeblich in den 1930er Jahren in Massachusets erfunden. Eine Restaurantbesitzerin soll damals als Erste den Versuch gewagt haben, das traditionelle Keksrezept mit kleinen Schokoladenstückchen zu verfeinern.

Zutaten für 24 Kekse:
375 g Mehl, 220 g Butter, 200 g Zucker, 200 g brauner Rohrzucker, 2 Eier, 10 ml Vanilleextrakt, 335 g Schokoladenstückchen, 115 g Nüsse, 1 Teelöffel Natron, 10 ml Wasser, Salz

Zimmertemperierte Butter mit weißem und braunem Zucker vermengen und zu einer cremigen Masse verrühren. Nach und nach die Eier, dann das Vanilleextrakt hinzufügen. Das in lauwarmem Wasser aufgelöste Natron und eine Prise Salz dazugeben. Anschließend mit Mehl, Schokoladenstückchen und gehackten Nüsse zu einem Teig verarbeiten. Die Teigmasse löffelweise auf ein mit Backpapier ausgelegtes Backblech geben. Im vorgeheizten Ofen bei 180 °C für etwa 10 Minuten backen.

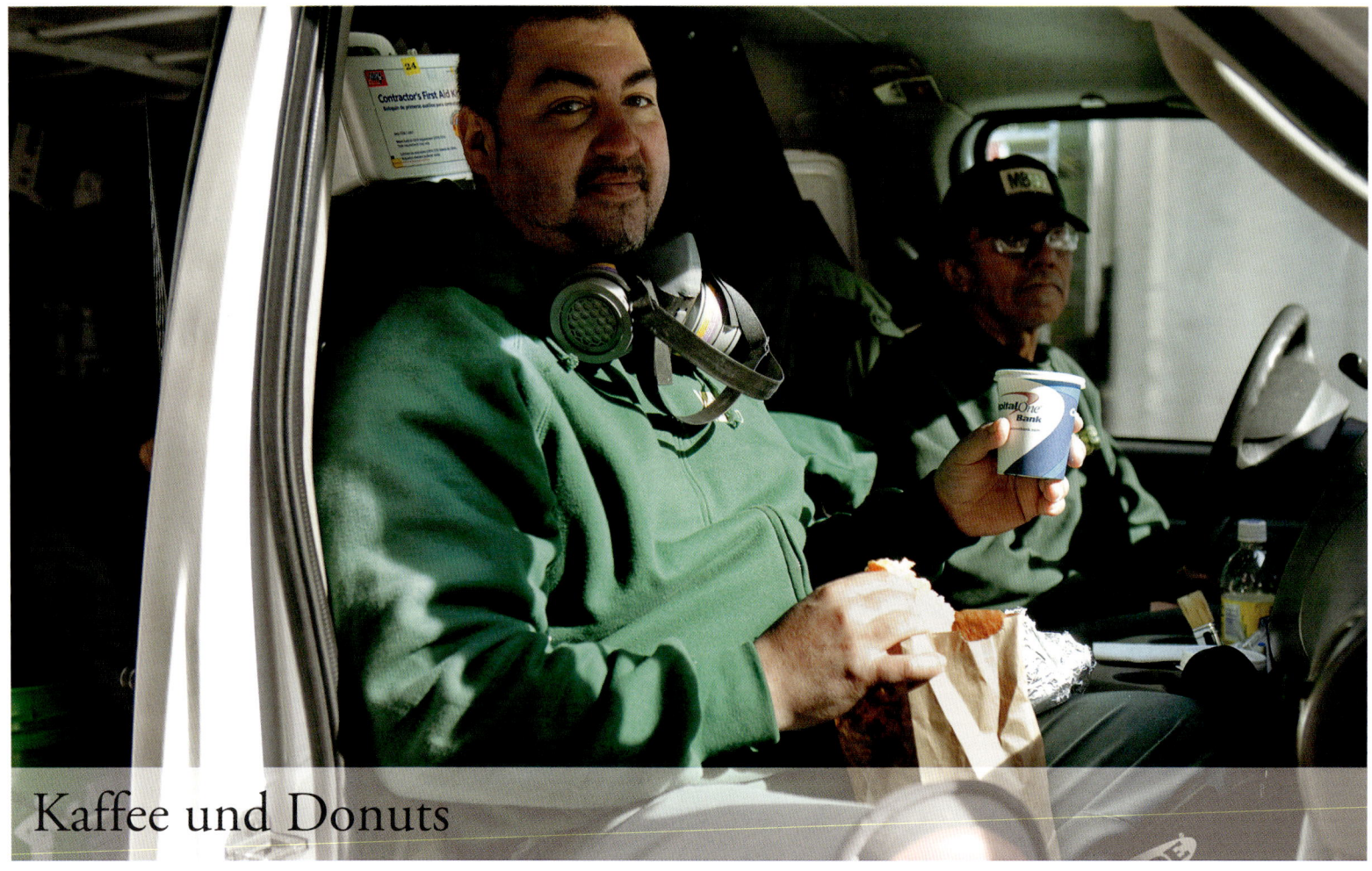

Kaffee und Donuts

Ein Anwalt brütet über einem schwierigen Fall, Polizeibeamte sitzen auf Beobachtungsposten in ihren Autos – und alle haben sie einen Becher dampfenden Kaffee in der einen und einen süßen Gebäckkringel in der anderen Hand. Diese und ähnliche Filmszenen kommen einem wohl als erstes in den Sinn, wenn man die Kombination von Kaffee und Donut hört.

Donuts (eigentlich *Doughnuts*) sind mit Zucker bestreute oder mit Schokolade, Vanille, Erdbeercreme glasierte Gebäckkringel, die in verschiedenen Geschmacksrichtungen wie Zimt, Honig oder weiteren Gewürzen angeboten werden. Das ist nichts Neues für Sie? Vielleicht, ja, lustig ist allerdings, dass man hier in Amerika auch die Löcher der Donuts

Eine Tasse Kaffee und ein Donut: das amerikanische Kino hat die verführerische Kombination, die sich nicht nur Polizisten immer wieder gerne gönnen, in der ganzen Welt berühmt gemacht.

essen kann! Es gibt hier in der Tat Geschäfte, die sich darauf spezialisiert haben, die aus dem Inneren der Donuts herausgelösten Teigteile zu frittieren und anschließend zu verkaufen. Insbesondere in Kanada sind diese Löcher der Teigkringel, die hier *Timbits* genannt werden, sehr beliebt. *Timbits* gibt es in den Geschmacksrichtungen Honig, Schokolade, Apfel oder auch mit Marmelade gefüllt. Auf Hawaii werden sie *Malassada* genannt: die Bezeichnung stammt aus dem Portugiesischen, denn die Portugiesen waren es, die diese Spezialität von Europa auf die Pazifikinsel brachten. Donuts mit Zuckerguss, ausgestampfte Löcher von Donuts, Donuts ohne Loch – all diese Leckereien gehören zu den beliebtesten Süßspeisen überhaupt.

Für die kanadische Spezialität *Tire sur la neige* wird Ahornsirup erwärmt und dann auf den Schnee gegossen.

Ahornsirup „on Ice"

Im Frühling beginnt in Kanada die „Zeit des Zuckers". Dann werden die kanadischen Ahornbäume eingeschnitten und der austretende Saft aufgefangen. Der Ahornsirup ist ein köstliches Süßungsmittel, das zudem sehr wenige Kalorien enthält. Zum Frühstück wird Ahornsirup gerne zu *Pancakes* (süße Pfannkuchen) oder zu *French Toast* (in Butterschmalz gebratenen Weißbrotscheiben) gegessen. Übrigens: Wie dies bei vielen Gerichten der Fall ist, die nach Städten oder Ländern benannt sind, ist auch der *French Toast* in Frankreich selbst gar nicht unter diesem Namen bekannt. Doch zurück zum Ahornsirup. Von den

Einheimischen wird er in erster Linie zum Verfeinern von Wildgerichten genutzt. Kurz bevor die ersten wärmenden Sonnenstrahlen des Frühlings den Schnee schmelzen lassen, kann man die Vorstufe des Ahornsirups genießen: den *Tire sur la neige*. Hierzu wird der Ahornsirup erhitzt und die heiße Masse auf den Schnee gegossen. Mit einem Stab wickelt man die klebrige Masse auf und isst sie wie ein Bonbon oder einen Lutscher, etwa bei einem Besuch der „Zuckerhütten" (*cabanes de sucre*), die Sirup herstellen oder damit Crêpes und Kuchen verfeinern, die sie dann zum Verzehr anbieten.

New York, Philadelphia und Boston, USA

Wenn Sie denken, dass Sie an einem Bahnhof in New York nichts Neues entdecken können, dann statten Sie doch einmal dem *Grand Central Terminal* einen Besuch ab. Der Etagenbahnhof erstreckt sich über zwei Ebenen. Auf der oberen Ebene, auf der Seite des Haupteingangs, befindet sich ein gemütliches Restaurant. An kleinen Tischen, die auf einer Art Balkon angeordnet sind, kann man sich kulinarisch verwöhnen lassen und dabei das lebendige Treiben im Bahnhof beobach-

ten. Es ist ein ständiges Kommen und Gehen, dazwischen ertönen die Lautsprecheransagen, die über die Ankunft oder Abfahrt der Züge informieren. Auf der unteren Ebene gibt es ein weiteres kulinarisches Highlight: die Oyster Bar. In diesem weiträumigen Lokal kann man die besten Austern der Stadt essen. Und gleich nebenan wird an Marktständen frisches Obst verkauft. Der *Grand Central Terminal* ist weit mehr als nur ein Bahnhof. An diesem faszinierenden Ort kann man sich nicht

nur die Wartezeit vertreiben, sondern mühelos den ganzen Tag verbringen.

Philadelphia, die Stadt am Delaware River, der ehemaligen Heimat der Delaware-Indianer, scheint wie aus dem Nichts aufzutauchen und überrascht den Reisenden mit ihren unzähligen Schönheiten wie den Bürgerhäusern aus Ziegelsteinen oder der *Liberty Bell*, deren Glockenschlag die wichtigsten Ereignisse in der amerikanischen Geschichte begleitete. Und schließlich der ein-

drucksvolle Anblick, der sich beim Betreten des *Reading Terminal Market* bietet. Der berühmte Markt aus dem Jahre 1893 beherbergt neben zahlreichen Marktständen mit unterschiedlichsten Sorten von Obst und Süßwaren, auch eine separate Abteilung, in der Amische ihre organischen Produkte anbieten. In diesem Teil des Landes sind die Amischen als *Pennsylvania Dutch*, also die „Niederländer aus Pennsylvania", bekannt. Auf dem *Reading Terminal Market* verkaufen sie die unterschiedlichsten Produkte und führen auch eine Art „Imbiss", an dem man die berühmten Preiselbeerpfannkuchen (*blueberry pancakes*), Ap-

felpfannkuchen und weitere hausgemachte Leckerbissen kosten kann.

Auf dem *Quincy Market* in Boston kann man verschiedene Gerichte aus der ganzen Welt probieren. Hier können Sie unter den Dächern ehemaliger Zollgebäude und Markthallen der Fischhändler an den zahlreichen Gourmetständen, die sehr übersichtlich angeordnet und einladend gestaltet sind, indisches, arabisches, mexikanisches, amerikanisches, französisches und italienisches Essen genießen. Am Samstagnachmittag bilden sich vor den Geschäften Menschentrauben und auch die im Freien aufgestellten Tische sind bis auf den letzten

Platz belegt. Bei einem Bummel wird man immer wieder eingeladen, einen Happen Hähnchen-Tandoori, ein Stück Pizza, Falafel oder Baguette zu kosten. Als besondere Spezialität gilt die Languste, die hier nicht nur in traditionellen Gerichten gewürdigt wird. So finden Sie darüber hinaus auch andere Kleinigkeiten, die man sich zur Ehren der edelsten Vertreterin der Krustentiere ausgedacht hat, wie spezielle Süßigkeiten, bedruckte T-Shirts oder Stofftiere. Die beste Zeit für einen Besuch des Marktes ist während des Hafenfestes, das zwischen Ende Juni und Anfang Juli stattfindet und der Stadt einen besonderen Charme verleiht.

Die Heimat des Mais

Quesadilla mit Chorizo und Käse aus Oaxaca, der auch häufig für *Tortillas* verwendet wird; süße *Tamales* auf dem Markt von Cuautinchan, Mexiko.

Wie uns die Informationstafel im Archäologischen Museum von Mexico-Stadt verrät, ist Mais zwar nicht die älteste kultivierte Pflanzenart in Mexiko, jedoch schon seit frühester Zeit das wichtigste Grundnahrungsmittel für die Einheimischen. Auch in anderen Teilen Südamerika galt Mais schon in frühester Zeit als äußerst wichtige Nahrungsgrundlage.

Im südlichen Teil des Golfs von Mexiko gehört Mais auch heute noch zum festen Bestandteil der traditionellen Landesküche. Vor allem der gelbe Mais aus Kolumbien und der weiße Mais aus Peru (der *mote* genannt wird und insbesondere in Cuzco für seine großen, saftigen Körner bekannt ist) sind über die Landesgrenzen hinaus bekannt. Welche große Rolle der Mais spielt, wird dem Reisenden bereits bei einem Streifzug durch die Städte und Dörfer dieser Gegenden klar.

Überall auf den Straßen sieht man Stände, an denen knusprige *Tortillas* (Fladen aus Maismehl) und weiche *Tacos* (gefüllte und in der Mitte zusammengefaltete Tortillas) zubereitet werden. Be-

sonders beliebt sind diese Leckerbissen als Stärkung während der Mittagspause. Dann versammeln sich einheimische Arbeiter um die winzig kleinen Imbisse, an denen die Köche die unterschiedlichsten Füllungen für die beliebten Maisfladen zaubern.

Einige Stunden zuvor hat der Tag bereits für viele mit einem heißen und pikanten Frühstück begonnen, der *Chilaquiles*-Suppe, die mit in Öl angebratenen und im Tomatensalsa getunkten Tortillastreifen serviert wird. Als Snack am Nach-

Maispuffer
Dies ist ein typisches „Soul-Food"-Rezept. Soul-Food bezeichnet die traditionelle Küche der Afroamerikaner, die vor allem in den Südstaaten der USA verbreitet ist. Mittlerweile findet man die Gerichte unter anderem auch in Harlem, New York, einem der heutigen Hauptzentren der afroamerikanischen Kultur.

Zutaten für 12 Puffer:
3 Eigelb, 250 g Mais, 80 g Mehl, 3 Eiweiß, 120 ml Öl, ½ Teelöffel Salz, Pfeffer

In einer Schüssel das Eigelb mit einer Gabel verquirlen. Mehl, Salz, eine Prise Pfeffer und den Mais dazugeben. Schaumig geschlagenes Eiweiß unterheben. In einer Pfanne Öl erhitzen und den Teig löffelweise hinein geben. Die Maispuffer auf beiden Seiten goldbraun anbraten.

In vielen Ländern Lateinamerikas gehört Mais zum festen Bestandteil der traditionellen Landesküche.

mittag oder Vorspeise am Abend eignen sich die ebenfalls angebratenen, jedoch kalt servierten *totopos* (in Dreiecke geschnittene *Tortillas*), perfekte Begleiter zu *Guacamole*, einem Dip aus Avocado. Vielleicht weniger bekannt sind *tamales*, ein Gericht aus einem Maisteiggemisch, das gefüllt und in Maishülsen serviert wird, die *sopa tarasca* (eine scharfe Suppe) aus Michoacàn und *gorditas*, was soviel wie „die kleinen Dicken" be-

deutet, da die Füllungen der kleinen Maistaschen zwar absolut köstlich schmecken, aber auch enorm kalorienreich sind. Die *gorditas* kann man an Straßenständen kaufen, wo sie von freundlich strahlenden Mexikanern frisch zubereitet werden. Wer besonders viel Glück hat, kommt auch einmal in den Genuss der grünen Variante des Gerichts, die aus einer ganz speziellen Maissorte hergestellt wird.

Essen aus der Erde

Die peruanische Spezialität *pachamanca* aus Rindfleisch, Schweinefleisch, Hühnchen, Kartoffeln, Bohnen und Mais wird im Erdofen zubereitet.

Der Name für dieses Gericht setzt sich aus zwei Worten zusammen, die aus der Sprache der Ketschua-Indianer stammen, nämlich aus *pacha*, Erde und *manca*, Topf. Und so verrät uns der Name *pachamanca* auch, worum es sich bei dieser Spezialität aus den peruanischen Anden handelt: um ein Gericht, das in einem Topf zubereitet wird, der in eine Vertiefung in der Erde gestellt und mit heißen Lavasteinen bedeckt wird. Das Geheimnis dieser Zubereitungsform liegt wohl in der Beschaffenheit der Steine, die große Hitze speichern können und diese dann allmählich an die Speisen abgeben. Die Steine selbst werden zuvor einige Stunden lang im offenen Feuer erhitzt.

Bei dieser aufwendigen Zubereitung bedarf es also etwas Geduld, doch diese wird in jedem Fall belohnt, denn es ist schon ein ganz besonderes Erlebnis, wenn man in die Dörfer fährt, in denen die Spezialität zubereitet wird und miterleben darf, welch hohen, mystischen und kulturellen Wert man dort den Speisen bis heute beimisst.

Pão de Queijo (Käsebrötchen) Außen knusprig und innen weich

sind die Käsebällchen in ganz Brasilien ein sehr beliebter Snack, der auch gerne zu Tee und Kaffee gegessen wird.

Zutaten für 24 Käsebrötchen:
250 ml Milch, 3 Eier, 50 g Parmesan, 500 g Maniokmehl, 125 ml Öl, Butter, 1 Teelöffel Salz

Lauwarme Milch in eine Schüssel geben, Salz und Öl hinzufügen. Mit einem Schneebesen verrühren. Anschließend nach und nach durchgesiebtes Mehl, Eier und Käse hinzugeben und zu einer cremigen Masse verkneten (falls der Teig zu kompakt ist, etwas Milch hinzugeben). Mit eingefetteten Händen aus dem Teig 3-4 cm große Bällchen formen und auf ein mit Backpapier ausgelegtes Blech legen. Im vorgeheizten Backofen bei 180 °C für 30 Minuten backen.

Die Andenbewohner haben verschiedene Rituale, um der in der Unterwelt lebenden Gottheit der Fruchtbarkeit „Mutter Erde" (in Quechua *Pachamama*) zu huldigen.

Das Kochen im Erdofen wird als eine Art Rückkehr der Zutaten zum Ort ihrer Entstehung verstanden. Um der Zubereitung dieser ausgefallenen Köstlichkeit beiwohnen zu können sollte man zwischen März und April, also in der Erntezeit, hierher kommen. Weitere Gelegenheiten bieten religiöse Festtage oder feierliche Anlässe wie Hochzeiten und Geburtstage. An dem Fest beteiligt sich das gesamte Dorf. Die Frauen kümmern sich um die Zutaten für das traditionelle Gericht und die Männer sind für die pyramidenförmige Anordnung der Steine und das Ausheben der Gräben zuständig, in welche dann die Speisen gelegt und mit feuchten Säcken, Erde, Blättern sowie einem kleinen Blumenkranz abgedeckt werden.

Pirulines-Verkäufer bieten ihre Leckereien an; die Waffelröllchen bekommt man an Ständen oder von Straßenhändlern.

¡Lloren chicos!

Weint Kinder, weint! *Lloren chicos, lloren!* Wenn der Einsatz derart verlockend ist, dürfte es den meisten Kindern wohl nicht schwer fallen, ein paar Mitleidstränchen zu verdrücken, um etwas Geld von den Eltern zu bekommen … Mit seinem roten Hut und seinem Glücksrad spricht der *pirulines*-Verkäufer Kinder am Strand an und schlägt ihnen vor, sich ein Geldstück bei den Eltern zu ergattern, um einmal an dem Glücksrad drehen zu dürfen. Wer eine hohe Zahl erwischt, hat besonderes Glück, denn die Höhe der Zahl ist gleich der Anzahl der köstlichen Waffelröllchen!

Wer eher Lust auf etwas Deftiges hat, sollte sich auf keinen Fall einen Besuch der Avenida Costanera in Buenos Aires entgehen lassen. Hier findet man die berühmten *carritos de la costanera*, mobile Verkaufsstände, an denen man alle erdenklichen Varianten argentinischer Spezialitäten, von *lomito* (Steaksandwich) über köstliche Süßspeisen wie *alfajor* (Keksgebäck), *bolas de fraile* (eine Art Pfannkuchen), *churros rellenos* (gefüllte Krapfen), *pastelitos rellenos* (gefüllte Blätterteigteilchen) bis hin zur landestypischen Grillspezialität *asado* kaufen kann.

Banan' Pesé
Die haitianischen *banan' pesé* werden auch in anderen Karibik-staaten gerne gegessen. Dort ist das Gericht dann allerdings häufig unter einem anderen Namen bekannt; auf Kuba heißt die Spezialität *tostones*.

Zutaten für 4 Personen:
3 grüne Kochbananen (Mehlbananen), Bratöl, Salz

Bananen schälen und in Stücke schneiden. In einer Pfanne reichlich Öl erhitzen und die Bananenstücke darin anbraten. Mit einem Schöpflöffel entnehmen und auf Küchenpapier abtropfen lassen. Jede Scheibe zu einem Kreis auseinanderdrücken (hierfür gibt es spezielle Holzpaletten). Öl erneut erhitzen und die flachgedrückten Bananenscheiben auf beiden Seiten goldgelb und knusprig anbraten. Aus der Pfanne nehmen, auf Krepppapier abtropfen lassen und vor dem Servieren salzen.

Auf den Straßen von Haiti bereiten Frauen von früh bis spät gebratene *griot* und *banan' pesé* zu; auf den Marktständen türmen sich Berge von Bananen.

Griot, Piklis, Banan' Pesé

Wenn man diese drei Worte aus dem Kreolischen kennt, wird man auf Haiti nicht verhungern … Die malerischen Lebensmittelmärkte auf der Karibikinsel sind wirklich ein Schauspiel für sich. Die Bauern haben meist sehr weite Wege auf sich genommen, um auf den Märkten Obst- und Gemüsesorten anzubieten. Neben ihren Körben setzen sie sich jetzt auf den Platz und warten, bis die Marktbesucher ihnen „*ti malis*" (leicht pikante Salsa), Ananas und Avocado abkaufen. In einer anderen Ecke des Platzes bereiten die Köche, um die Köpfe bunte Tücher gewickelt, *banan' pesé* (angebratene Bananenscheiben) und *griot* (gegrillte, marinierte Schweinefleischstücke) zu. *Banan' pesé* und *griot* sind die beiden typischsten Vertreter der traditionellen Küche Haitis und bei einem Besuch auf der Insel sollte man sich diese auf keinen Fall entgehen lassen. Besonders gut schmecken die gebratenen Spezialitäten, wenn man sie an einem der Straßenstände kauft, an denen sie frisch zubereitet werden. Auf einem Bananenblatt oder auf Papptellern werden die traditionellen Speisen zusammen mit gemischtem Gemüse serviert, das in eine sehr scharfe Soße, die so genannte *piklis* eingelegt ist. Mitunter ist die Soße so scharf, dass einem sofort die Tränen in die Augen schießen, wenn man sie noch nie gegessen hat.

El dia de Muertos, Mexico

Einer der wichtigsten mexikanischen Feiertage, der *Dia de Muertos*, „Tag der Toten", wird am 2. November gefeiert. Doch die Vorbereitungen für die Feierlichkeiten beginnen schon einige Wochen vorher, ungefähr zu der Zeit, in der man sich in Nordamerika auf Halloween vorbereitet.

Auch beim Tag der Toten spielt die Farbe Orange eine wesentliche Rolle. So zieren orangefarbene Blumen Friedhöfe und traditionelle Totenaltare, die an den Straßenecken aufgebaut werden und auch in den Kleidern der Skelette und der berühmten Skelett-Dame „La Catrina", die anlässlich des Feiertages festlich geschmückt und in den Schaufenstern der Läden und auf öffentlichen Plätzen ausgestellt werden, findet sich die leuchtende Farbe wider. In den antiken Palästen, die ehemals von den Eroberern Mexikos bewohnt wurden, werden Treppen, Balustraden, Tore und Beete prachtvoll mit Blumenschmuck dekoriert. Überall wird an diesem Festtag all jenen Tribut gezollt, die nicht mehr unter den Lebenden weilen: auf den Gabentischen häufen sich Körbe von Obst und Platten mit Süßspeisen. Auf den Märkten drängen sich Kinder vor den Verkaufsständen, die Totenschädel aus Zucker oder Schokolade verkaufen. Hinter der Kathedrale von Toluca quellen die Marktstände des Süßwarenmarktes geradezu über von *borrachitos*, einer mit Likör gefüllten Süßspeise, deren Name übersetzt „kleine Betrunkene" heißt, und den *dulces de muertos*,

dem „Naschwerk der Toten". Aus weißem oder buntem Zuckerguss geformte Totenköpfe, Skelette, Särge oder andere Gegenstände, die mit Tod und Beerdigung zu tun haben. Doch in Mexiko ist dieser Tag kein Trauertag, sondern ein lebendiges, fröhliches Volksfest zu Ehren der Toten. In Morelia werden unter einem Bogengang lange Tafeln aufgestellt – der perfekte Ort, um in diesem Rahmen gemeinsam die *comida poblana* zu genießen. So werden die typischen Gerichte der traditionellen Pueblo-Küche genannt, die auf der Straße in einem riesigen Topf zubereitet werden. Hier gibt es keine Touristen, dafür aber jede Menge Musik, Trubel und bunte Lichter. Da Licht als Symbol für das Leben gilt, das der Finsternis und dem Tod entgegentritt, wird zu diesem Anlass ein wahres Kerzenmeer entzündet. Die Kerzen, die den festlichen Ort beleuchten und den Weg zu dem reichhaltigen Angebot an Speisen weisen, verleihen der Stadt in dieser Nacht eine ganz besondere Magie. Auch Wasser als Symbol für Reinheit spielt an diesem Tag eine besondere Rolle. Das Wasser, das in Schalen gefüllt wird oder aus dem kleine, künstliche Seen angelegt werden, auf deren Wasseroberfläche blaue Blüten gestreut werden, lädt die Seelen zur Rückkehr aus dem Totenreich ein und soll ihnen nach der langen Reise als Erfrischung dienen. Eine freudige Reise soll es sein, an deren Ende die Lebenden in festlicher Vorfreude auf die Rückkehr der Seelen warten. Der Duft der Blumen weist den verstorbenen Seelen den Weg in das Reich der Lebenden. Am Ende ihrer Reise finden die Geister dann Berge von Früchten, speziell zubereitete Speisen und Brot vor. Zeichen für die Großzügigkeit derer, die die Ankunft der Seelen sehnsüchtig erwarten. Reis, Mais, *mole* (verschiedene mexikanische Soßen), Süßspeisen und weitere Delikatessen sowie Tequila und Mescal sollen den Seelen als Nahrung für ein ganzes Jahr und bis zum nächsten *Dia de Muertos* dienen.

Afrika

ab S. 174: Essenspause im Bamako-Dakar-Express; Afrikanische Märkte sind ein Zusammenspiel unterschiedlichster Gerüche, Geräusche, Farben und Menschen.

Afrika - gekennzeichnet von Ursprünglichkeit, endlose Weiten und Naturverbundenheit

Auf der Suche nach den Ursprüngen einer traditionellen Küche Afrikas bekommt der Begriff *Streetfood* eine völlig neue Dimension. Aufgrund der unendlichen Weite des Kontinents und der nicht sesshaften Lebensweise seiner Bewohner, ist die Esskultur weniger durch die Entwicklung fester Gewohnheiten innerhalb eines geographisch vorgegebenen Raums geprägt als vielmehr durch die besondere Lebensweise der hier lebenden Menschen. Bereits seit frühester Zeit mussten sehr weite Strecken zurückgelegt werden, um die Versorgung und den Handel mit lebenswichtigen Waren wie beispielsweise Salz zu gewährleisten. So verbreiteten sich auch die verschiedenen Esstraditionen über den Kontinent und gelangten schließlich in ferne Länder jenseits des Ozeans. Als Symbol ihrer afrikanischen Identität pflegten die Sklaven und ihre Nachkommen in Amerika ihre Traditionen und Esskultur in besonderem Maße. Auch in Brasilien und Europa sind Elemente und Einflüsse der afrikanischen Küche deutlich spürbar und Gerichte wie *Couscous* und *Tajin* gehören zum festen Speiseplan.

In einem äthiopischen Dorf verkaufen Straßenhändler Tee und Kaffee. Äthiopien gilt als Ursprungsland des Kaffee, den man dort bereits seit über fünf Jahrhunderten kennt.

Unsere Reise führt uns zunächst an die nordafrikanische Küste, an Orte, an denen das Leben geradezu pulsiert. So etwa auf den Markt der syrischen Stadt Homs oder die antike Stadt Leptis Magna in Libyen, die besonders für das heimische Olivenöl und ihren prächtigen Lebensmittelmarkt berühmt war.

In der angrenzenden Sahara zeigt sich dann ein anderes Bild. Auf der Suche nach traditionellen Speisen muss man den Spuren der Karawanen folgen, die beladen mit Salz, getrockneten Lebensmitteln und weiteren, für das Leben in dieser Abgeschiedenheit unverzichtbaren Handelsgütern, durch die endlose Wüste ziehen. Ihr Weg führt uns durch

abgeschiedene Dörfer, über die Gleise, auf denen der Zug von Bamako nach Dakar fährt und entlang des Nils, dem längsten Fluss der Erde, an dessen Ufern die Zeit still zu stehen scheint.

Der Nil schlängelt sich wie ein grünes Band durch die goldgelbe Wüstenlandschaft. In diesem fruchtbaren Teil des Kontinents haben tra-

Samosa

Die gefüllten Teigtaschen erfreuen sich nicht nur in Afrika, sondern auch in Zentral- und Südasien, ganz besonders in Indien, großer Beliebtheit. Dabei können die Art der Zubereitung und die Zusammensetzung der verwendeten Zutaten von Land zu Land leicht variieren. So werden für die Füllung der Teigtaschen meist die unterschiedlichsten Arten von pikanten Gewürzen mit Hackfleisch oder Fisch kombiniert. Es gibt jedoch auch rein vegetarische Varianten der Spezialität.

Zutaten für 80 Samosa:
fertiger Blätterteig, 1 kg Hackfleisch vom Lamm (oder Rind), 6 Knoblauchzehen, 1 Ingwerwurzel, 3 Zwiebeln, 1 Esslöffel Kurkuma, 1 Esslöffel Curry, 1 Esslöffel Masala, Bratöl, Salz und Pfeffer

Knoblauch und Ingwer schälen und zerkleinern. Mit den klein geschnittenen Zwiebeln, dem Hackfleisch und den Gewürzen in eine Schüssel geben und vermischen. Das Gemisch in eine beschichtete Pfanne geben und 30 Minuten lang unter Rühren anbraten. Auf einer Arbeitsfläche Blätterteig mit dem Nudelholz ausrollen und anschließend ca. 10 cm große Vierecke herausschneiden. Auf die Quadrate einen Löffel der Füllung geben, zu kleinen Teigtaschen zusammenklappen und die Ränder fest andrücken. In einer Pfanne Öl erhitzen und die Teigtaschen auf beiden Seiten goldbraun anbraten. Aus der Pfanne nehmen und vor dem Servieren noch einige Zeit auf einem Küchenkrepp abtropfen lassen.

Ob in der Stadt oder in einem kleinen Dorf, auf der Straße oder auf staubigen Plätzen: die fliegenden Händler finden überall ein geeignetes Plätzchen, um ihre Waren feilzubieten.

ditionelle Essgewohnheiten ihren festen Platz. Vor den kleinen Geschäften sind schwarze Eisenkessel aufgebaut, in denen die vertrauten Falafelbällchen in heißem Öl ausgebacken werden. Dort, wo sich das Land bis zum Horn von Afrika am Roten Meer erstreckt, gilt dagegen vor allem *injera*, ein hauchdünnes Brot aus Teff-

mehl und mit pikant eingelegten Fleischstückchen gefüllt, als regionale Spezialität.
Je westlicher die Reise geht, desto fruchtbarer wird das Land. Zunächst erreichen wir die Bucht von Benin. Eine beliebte traditionelle Speise sind *klui klui*, frittierte Erdnussbutter-Sticks, die auf der Straße verkauft und geges-

sen werden. Im benachbarten Nigeria kann man in den traditionellen *chop bars* eine Art Maispolenta (*ukwawa*) und Fischbällchen mit getrockneten Bohnen (*moin-moin*) zum Mitnehmen bestellen. Weiter südlich wird das Farbenspiel der Natur immer intensiver und bunter. Das spiegelt sich auch in der Kleidung

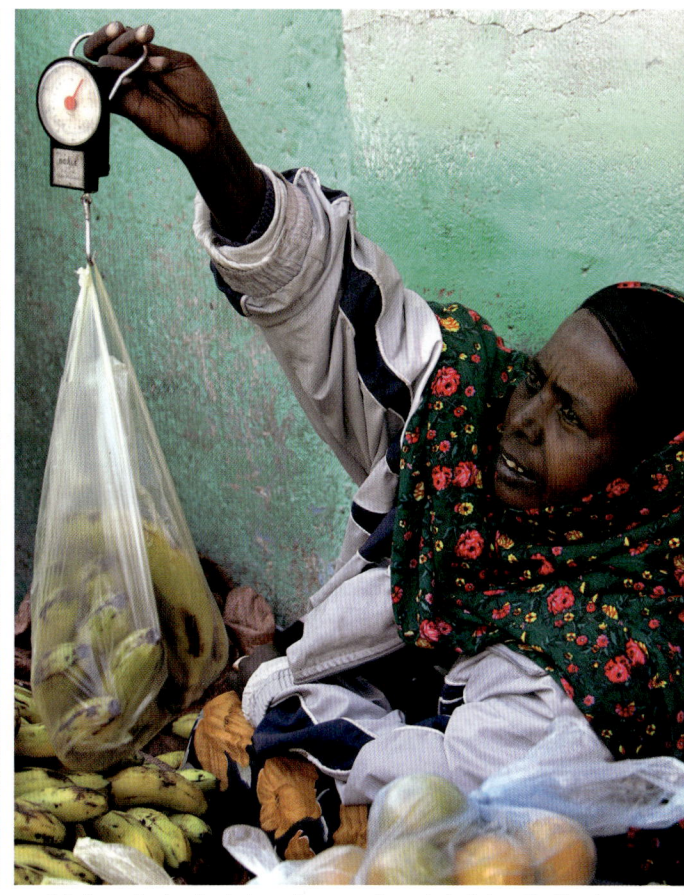

Frisches Obst, würzige Kräuter, kleine Snacks, Süßspeisen und Kaffee: der Markt ist hier nicht nur ein Ort, an dem gefeilscht und gekauft wird, sondern vor allem ein beliebter Treffpunkt.

der Einheimischen wider. So erstrahlen hier die traditionellen Kopfbedeckungen der Frauen in leuchtendem Gelb, Grün und Rot. Bereits in den frühen Morgenstunden begeben sie sich auf die Straße, um dort hinter mobilen Garküchen Maniok, Bananen, Süßkartoffeln oder frittierte Bällchen mit Zwiebeln und Tomaten zuzubereiten. Den Kindern, die sich um diese Zeit auf den Weg zur Schule machen, dienen diese schmackhaften, wenn auch nicht sehr nahrhaften Kleinigkeiten, als willkommenes Frühstück.

Der Begriff *Streetfood* bekommt in Afrika auch deswegen eine völlig neue Dimension, weil es einfach ein schier unmögliches Unterfangen ist, die bunte Vielfalt dieses gigantischen Kontinents, der sich von der Mittelmeerküste bis ans Kap der Guten Hoffnung erstreckt und der so enorm kontrastreich ist, gleichzeitig jedoch unglaublich harmonische Eindrücke hinterlässt, auf ein überschaubares Ganzes zu reduzieren.

Brochette (Spieße)

Neben Kebab und Shawarma hat der afrikanische Kontinent noch eine weitere schmackhafte Brotspezialität zu bieten: das *Brochette*. Das Brot, das die Straßenverkäufer mit am Spieß gegrillten Fleischstücken befüllen, ähnelt allerdings eher französischem Baguette als arabischem Fladenbrot. Die Besonderheit der Brotspezialität besteht vor allem in der würzigen Marinade, in die das Fleisch vor dem Grillen eingelegt wird. Die Zubereitungsart der Marinade kann dabei von Region zu Region leicht variieren.

Zutaten für 4 Brochettes:
1 kg Rind- oder Lammfleisch, Zwiebeln, Tomaten, Baguette-Brot, Kartoffeln, Bratöl
Für die Marinade: Tomaten (in Würfel geschnitten), Zwiebel und Knoblauch (fein geschnitten), Essig, Öl, Salz, Pfeffer

Die Zutaten für die Marinade in den Mörser geben und mit dem Stößel zu einer breiigen Masse zerstampfen. Fleisch in Stücke schneiden und in einen Topf geben. Mit der Marinade übergießen und für einige Stunden in den Kühlschrank stellen. Fleischwürfel auf Metallspieße stecken und auf dem Grill von beiden Seiten anbraten. Kartoffeln klein schneiden und in heißem Öl frittieren. Brot in der Mitte durchschneiden, mit gegrillten Fleischstücken und frittierten Kartoffelecken befüllen. Je nach Geschmack gewürfelte Tomatenstückchen und Zwiebelringe hinzufügen.

Die Vielfalt der südafrikanischen Küche

Ein beliebter Anlass, den Tag mit der Familie oder Freunden zu genießen, ist in Südafrika das Grillen im Freien, das hier *braai* genannt wird. Dabei dürfen bei einem Barbecue um die Mittagszeit besonders die *Boerewors* (Afrikaans für „Bauernwurst") nicht fehlen. Sie bestehen aus fein gehacktem Fleisch, das je nach Fantasie und Können des Metzgers mit verschiedenen Gewürzen verfeinert, in Form einer Schnecke in Naturdarm gepresst und anschließend auf einem Holzspieß auf den Grill gelegt wird. Üblicherweise wird die Wurst in einem Brötchen serviert. Wenn man nicht an einem der sonntäglichen Barbecue-Feste teilnehmen möchte, kann man die *Boerewors* auch an einem der zahlreichen Straßenstände kaufen. Eine weitere, sehr beliebte Spezialität der südafrikanischen Küche ist *bunny chow*. Dabei handelt es sich um einen ausgehöhlten Weißbrotlaib, der mit einem pikanten Curry gefüllt wird. Das Weißbrot, *bunny*, muss genau die richtige Konsis-

Braai, das traditionelle Grillen im Freien, gilt in vielen Teilen Afrikas als beliebtes gesellschaftliches Ereignis. Davon zeugt auch der eigene Feiertag, der „National Braai Day".

tenz aufweisen, damit die Füllung, *chow*, auch gut schmeckt. Je nachdem, wie groß der Hunger ist, wird ein ganzer, ein halber oder ein Viertel *bunny* gefüllt. Das Gericht ist vermutlich Anfang des 19. Jahrhunderts entstanden. Eine Legende besagt, dass damals die Golfspieler, die keine Zeit für ein ausgiebiges Mittagessen hatten, vor dem Royal Durban Golf Club von ihren Caddies mit dem gefüllten Weißbrot versorgt wurden.

Da der Weg in die Grey Street, in der man an einem der zahlreichen Verkaufsstände (*banias*) Curry kaufen konnte, zu weit war, wurde das Essen direkt zum Golfclub gebracht. Und weil man keine Plastikbehälter oder Ähnliches zur Hand hatte, wurde das Curry in ein kräftiges, rundes Brot gefüllt. Eine andere Legende besagt, der Ursprung des Gerichts sei auf den Zuckerrohrplantagen der südafrikanischen Provinz Natal zu finden, wo es den Plantagenarbeitern als Mittagessen diente.

Der Dakar-Bamako-Express, Mali - Senegal

Eine Fahrt mit dem Dakar-Bamako-Express hat ihren ganz besonderen Reiz. Bei der einzigen Landverbindung nach Mali legt der Zug etwa 1230 Kilometer zurück und ist 48 Stunden, meist jedoch weitaus länger, unterwegs. Die unterschiedlichen Passagiere, die exotischen Gerüche, die Landschaften, die wie in Zeitlupe an einem vorbeiziehen – all dies macht eine Zugfahrt von Dakar nach Bamako zu einem unvergesslichen Erlebnis. Die Mitreisenden wirken vollkommen entspannt und scheinen keinerlei

Eile zu haben, denn es braucht seine Zeit, bis der Zug die zehn Stationen bis zum Ziel passiert hat. Am Tag der Abfahrt herrscht am Bahnhof von Dakar große Aufregung. Die Händler, die hier ihre Speisen anbieten, drängen sich um die besten Standplätze. Während die Verkäufer hier darauf warten, dass sich die Reisenden vor der Abfahrt mit Essen versorgen, muss man sich auch nach der Abfahrt des Zuges keinerlei Sorgen machen, Hunger zu leiden. An jedem Halt warten Verkäufer, die verschiedene Speisen und

Früchte durch die offenen Fenster anbieten. Die Passagiere können sich so mit einem Imbiss für die lange Fahrt versorgen, oder haltbare Lebensmittel kaufen, die sie während der Reise oder erst am Ankunftsort essen. In den Abteilen bereiten sich die Reisenden auf kleinen Kochern Tee oder einfache Speisen zu. Und zu guter Letzt gibt es dann noch die Verkäufer, die durch die Waggons gehen und Trockenobst anbieten, das man genüsslich knabbern kann, während man die Fahrt genießt.

Glossar

Alfajor

Süßes Keksgebäck aus zwei bis drei Biskuitteigschichten, die mit einer Creme aus Karamellmilch (*Dulce de leche*) oder Marmelade gefüllt und mit einer Zuckerschicht oder Schokoladenglasur überzogen werden.

Asado

Asado bedeutet im Spanischen „Gegrilltes" und bezeichnet im Allgemeinen am Spieß gegrilltes Fleisch, das zuvor in eine Marinade aus Öl, Essig und Zitrone eingelegt wurde. Mitunter wird das Fleisch noch mit verschiedenen Gewürzen verfeinert. Als Beilage zu *Asado* wird meist gegrilltes Gemüse gereicht.

Bicerin

Bicerin ist eine Kaffeespezialität aus Turin. Nur dort kennt man die „wahre" Rezeptur des Getränks, das seinen Namen der dialektalen Bezeichnung für „kleines Glas" zu verdanken hat. *Bicerin* besteht aus Kaffee, Sahne und Trinkschokolade. In welchem Verhältnis diese Zutaten ins Glas kommen, weiß man jedoch nur in dem nach dem Getränk benannten Caffè di Torino, wo die Spezialität seit dem 17. Jahrhundert im Glas serviert wird.

Bolas de fraile

Aufgrund seiner Ähnlichkeit mit den deutschen Krapfen nennt man die *Bolas de fraile* in einigen Teilen Lateinamerikas auch schlichtweg „Berliner". Das frittierte, süße Hefegebäck wird mit Sahne, *Dulce de leche* oder Marmelade gefüllt und mit Puderzucker bestreut.

Brik

Für die frittierten tunesischen Teigtaschen werden hauchdünne Hefeteigschichten übereinandergelegt und mit Fleisch, Thunfisch und Gemüse gefüllt. *Brik* ist auch als süße Variante erhältlich.

Burritos

Mexikanische *Tortillas* aus Weizenmehl, die üblicherweise mit einer Fleischfüllung serviert werden. Man findet jedoch auch mit Reis, roten Bohnen, Gemüse und Käse gefüllte *Burritos*.

Churros relleno

Für *Churros* wird ein Teig aus Mehl, Wasser und Zucker mit einem Spritzbeutel spiralförmig in heißes Öl gegossen. Die etwa 10 cm langen *Churros*-Stangen werden gerne mit *Dulce de leche* gefüllt (*relleno*), man bekommt sie aber auch ohne Füllung. Besonders lecker schmecken *Churros*, wenn man sie in heiße Trinkschokolade tunkt.

Dim sum

Die kleinen Leckerbissen, die traditionell in Bambuskörbchen zu einer Tasse Tee serviert werden, stammen ursprünglich aus China. Inzwischen haben sich *Dim sum* jedoch auch in der westlichen Küche einen Namen gemacht und sind – von New York bis London – zu einem beliebten Straßensnack avanciert. *Dim sum* eignen sich perfekt als kleine Zwischenmahlzeit und werden üblicherweise bis zum späten Nachmittag verkauft.

Enchiladas

Die mit Fleisch oder Gemüse gefüllten und zusammengerollten, runden Maisfladen (*Tortillas*) sind wohl die bekanntesten Vertreter der mexikanischen Küche. *Enchiladas* werden frittiert oder im Ofen gebacken, üblicherweise mit einer dunklen Bohnenpaste gereicht (oder gefüllt) und mit einer pikanten Salsa übergossen. Der Name der Spezialität leitet sich von der Partizipform des spanischen Verbs *enchilar* ab, was soviel heißt wie „mit scharfem Chili würzen".

Falafel

Bällchen aus Kichererbsenmehl (in einigen Ländern auch Bohnen), die mit Knoblauch und Zwiebeln verfeinert und in reichlich Öl frittiert werden. Die Falafelbällchen werden entweder im Papiertütchen oder in arabischen Brottaschen – zusammen mit der Sesampaste *Tahina* – serviert.

Fritoe

Im venezianischen Dialekt werden so die Krapfen genannt, die in Venedig alljährlich zur Karnevalszeit gebacken werden. Die Faschingskrapfen aus einem Teig aus Mehl, Zucker, Eiern, Milch und Bierhefe werden gerne mit dem Aroma einer Orangen- oder Zitronenschale verfeinert und mit Sultaninen gefüllt.

Injera

Aufgrund seiner besonders weichen und leicht schwammartigen Konsistenz eignet sich das äthiopische Fladenbrot aus Teffmehl besonders gut zum Eintunken in gewürzte Soßen oder als Begleiter von Fleischragout.

Koshari

Ein sehr einfaches, schnell zubereitetes Gericht und ganz besonders in Ägypten ein beliebter Straßensnack. Das Gericht aus Linsen, Zwiebeln und Reis wird in der Pfanne zubereitet.

Kosher

Jüdische Glaubensanhänger folgen bei der Zubereitung ihrer Speisen den Gesetzen des koscheren (auch *kasher*) Essens, die in der Tora vorgegeben sind. Die „Tauglichkeit" der Speisen und ihrer Zubereitung gemäß diesen speziellen Speisevorschriften muss von einer offiziellen bzw. anerkannten Stelle bestätigt werden.

Lomito

Ein weiches und süßliches Brot, das mit Kalbfleisch, Salat, Tomaten, Mayonnaise, gebratenem Ei, gekochtem Schinken und Käsescheiben belegt wird.

Mole

Mole ist eine Art Sammelbegriff für die zahlreichen Soßen der mexikanischen Küche. Besonders beliebt sind die Soßen als Speisebegleiter bei festlichen und feierlichen Anlässen. Zu den bekanntesten Vertretern zählen dabei *Guacamole* und *Mole poblano*.

Pan bagnat

Pan pagnat ist eine Spezialität aus Südfrankreich. Für die klassische Variante wird das mit Tomaten, kleinen grünen Paprika, Zwiebeln, Oliven, Sardellen und Thunfisch belegte Baguettebrötchen mit reichlich Olivenöl, Basilikum, Salz und Pfeffer verfeinert. Teilweise findet man die Brotspezialität auch zusätzlich mit Artischocken, Ei oder Bohnen belegt. *Pan pagnat* ist ein typisches Sommergericht, das kalt aus der Hand gegessen wird.

Pasta cresciuta

Der Teig aus Mehl, Wasser, Salz und Bierhefe wird in Neapel in Form von Kügelchen geformt, in heißem Öl ausgebacken und in den Frittierstuben der Stadt warm serviert.

Pastelitos rellenos

Die gefüllten (*rellenos*), frittierten Teigtaschen werden je nach Geschmack und Anlass als süße oder salzige Variante angeboten. So gibt es sie mit frischen Früchten oder Trockenobst, aber auch mit Käse oder Käsecreme gefüllt.

Piadina

Hauchdünne Fladen aus Weizenmehl (und Schmalz oder pflanzlichem Fett), die zusammengeklappt und mit Wurst und Käse oder auch Tomaten und Gemüse gefüllt werden. Die köstlichen Fladen, die nach traditionellem Rezept auf Terracotta-Platten gebacken werden, sind der optimale Snack für zwischendurch und zählen – insbesondere in der Emilia-Romagna – zu den bekanntesten Vertretern des italienischen *Streetfood*.

Sciamadde

Im ligurischen Dialekt bedeutet *sciamadda* so etwas wie „entzündet" und bezeichnet die Lokale, in denen pikante Tartes noch traditionell im Holzofen zubereitet werden. Diese Lokale, in denen gerne ein Glas Wein zur *Farinata* getrunken wird, haben sich im Laufe der Jahre zum beliebten Treffpunkt für Künstler und Intellektuelle entwickelt.

Sieben-Kräuter-Gewürzmischung

Die *Sieben-Kräuter-Gewürzmischung*, mit der im Vorderen Orient zahlreiche Gerichte verfeinert werden, kann man dort in Supermärkten und kleinen Lebensmittelgeschäften bereits als fertige Mischung kaufen. Die Zusammensetzung der Gewürzmischung variiert leicht, wenngleich Pfeffer in allen Ländern fester Bestandteil ist.

Seltz

So wird das Sodawasser genannt, mit dem Cocktails und Aperitifs aufgefüllt werden. Der Name leitet sich von der deutschen Stadt Selters ab, die für ihr Mineralwasser berühmt ist (das aus diesem Grund auch *Selterswasser* genannt wird).

Som Tam

Dieser recht pikante Salat, der mit Limette, Chili, Fischsoße und Palmzucker gewürzt wird, kombiniert die verschiedenen Geschmacksrichtungen (und Zutaten) der traditionellen Thai-Küche. Der Salat wird üblicherweise mit Klebreis, mitunter auch mit Gemüse serviert.

Spritz

Spritz ist ein Getränk, das vor über hundert Jahren in Nordostitalien kreiert wurde und dort bis heute als äußerst beliebter Aperitif die italienische Lebenskultur verkörpert. Der *Spritz* wird traditionell aus Weißwein und Sodawasser gemischt und – je nach Fantasie des Barmixers – mit weiteren Zutaten verfeinert.

Sukiyaki

Das japanische Eintopfgericht aus hauchdünn geschnittenem Rindfleisch oder Tofu, Nudeln, Gemüse, Sojasoße und Zucker wird in einem gusseisernen Topf zubereitet und erfreut sich besonders in der kalten Jahreszeit großer Beliebtheit.

Tahina

Tahina ist eine Sesampaste bzw. -creme aus gerösteten Sesamkernen und fester Bestandteil der Küche des Vorderen Orients. Die Paste wird gerne als Beilage oder Dip gereicht und ist darüber hinaus eine der wichtigsten Grundzutaten zahlreicher traditioneller Gerichte, wie beispielsweise *Humus*.

Wan Tan

Wan Tan (kantonesisch auch *Wonton*, hochchinesisch *Huntun*) sind eine abgewandelte Form der chinesischen *Dumpling*. Für *Wan Tan* werden kleine Teigecken mit Gemüse, Fleisch oder Fisch (meist Garnelen) belegt und diese dann zu kleinen Dreiecken oder Säckchen zusammengefaltet. Die gefüllten Teigtaschen werden anschließend im Dampf gegart oder in heißem Öl gebacken. *Wan Tan* werden als Hauptgericht gereicht oder als Beilage in eine chinesische Nudelsuppe gegeben.

Wermut

Wermut (auch *Vermouth*) gehört zu den Produkten, die auf der offiziellen Liste des italienischen Ministeriums für Lebensmittelpolitik als „traditionelle Agrar- und Lebensmittelprodukte" aufgeführt sind. *Wermut* ist ein mit Kräutern und Gewürzen aromatisierter Weißwein, der ungefähr 16 Volumenprozent Alkohol enthält. Die Geburtsstunde des Wermuts schlug im Jahre 1786, als Antonio Benedetto Carpano ihn in seinem Turiner Likörgeschäft zum ersten Mal kreierte. Inzwischen zählt Wermut weltweit zu einem der beliebtesten Aperitifs überhaupt.

Zeppole

Der Teig, aus dem die italienischen Krapfen hergestellt werden, ähnelt in der Zusammensetzung dem der *pasta cresciuta*. Je nach Region findet man die unterschiedlichsten Varianten und Formen der Spezialität. So gibt es sie mit Puderzucker bestreut, als Kringel, frittiert oder aus einem Brandteig hergestellt und im Ofen gebacken. In einigen Städten (wie beispielsweise Neapel) wird das Gebäck vor allem in der Weihnachtszeit gerne gegessen. In Rom kennt man die Spezialität unter der Bezeichnung *bignè*. Dort bieten die Bäckereien das süße Backwerk traditionell am 19. März, dem Festtag des Hl. Josef und Vatertag in Italien (*Festa di San Giuseppe*), an.

Bildnachweis

Fabrizio Esposito: 7, 9, 10-11, 14, 15, 18-19, 21, 23 li., 24, 25 li., 28 o. li., 29 re., 32, 33 li., 34 li., 36 li., 38, 39 li., 41, 48 li., 53 re., 55 re., 65, 70 o. li., 73, 74 li., 74-75, 75 re., 79 re., 85 re., 105 re., 144-145, 146, 149, 150-151, 152, 153, 154 li., 155, 156, 160 li., 174-175, 177, 186, 187
Fabrizio Esposito (Archivio Lavazza): 16 re., 28 re., 29 li., 68-69, 76-77, 79 li., 80, 86 re., 90 li., 90-91, 93 re., 94 li., 95, 114, 115 li.
Andrea Guermani: 6, 122, 148
Andrea Guermani (Archivio Lavazza): 70 u. li. und re., 71, 78, 81, 82, 83, 84-85, 87, 178, 180, 181
Christian Sappà: 12 re., 22 li., 26-27, 31, 72, 86 li., 88 li., 92-93, 98-99, 102-103, 103 re., 118, 119, 126 li.
Giorgio Sandrone: 8 li., 123, 132, 133, 134-135, 140-141, 141 re., 142 li., 143
Max Tomasinelli: 44-45, 46, 49, 56-57, 57 re., 58, 60, 61 re.
Federico Botta: 13, 25 re., 67, 147, 162, 163, 164
Alberto Ciaravella (Fondazione ArteVision): 30 re., 36 re., 37, 124 re., 126 re., 127 u. re.
Alessandro Capurso (Fondazione ArteVision): 104, 105 li., 107 li., 108, 109, 115, 117
Raffaele Brustia: 124 li., 125, 128-129, 129 li. und re., 131
Sigrid Verbert: 20, 33 re., 40, 100 li., 111, 113
Ornella Orlandini: 136, 137, 138, 139, 142 re.
Archivio Open Mild Consulting: 158 li., 158-159, 165, 168
Carla Diamanti: 112, 172, 173
Guia Besana (Archivio Lavazza): 8 re., 89, 176, 182, 183
Davide Dutto: 12 li., 154 re., 169 re.

Malaysia Tourist Board: 100 re., 101, 107 re.
Maria Teresa Dell'Aquila: 17, 23 re., 34-35
Micaela Ballario: 47, 48 re., 61 li.
Adeel Halim: 120-121, 130
Andy Holmes (beatdrifter): 62, 63 li.
Lucio Beltrami: 16 li., 39 re.
Stefano Delmastro: 66, 157
Bergen Tourist Board: 52 re.
Carina Esmores: 167 li.
Carola Steedman: 167 re.
Chiara Ricci: 94 re.
Chris Lisley: 127 li.
Cristianl: 185 re.
Daniel Modell: 63 re.
David Glaves: 51 re.
Elisa Piccin: 28 u. li.
Fabrizio Di Gennaro: 50-51
Franco Borrelli: 22 re.
Izwah Kamal: 116
James & Paula Ronald of Sugar Land, Texas: 161 re.
Katrin Jander: 134 li.
Luna Guaschino: 97
Massimo Piazzi: 166
Matteo Bertolino: 184
Michael Basu: 127 u. re.
Miriam Mezzera: 88 re.
Nicoletta Diamanti: 59 re.
Olaf Woldan: 96 re.
Paolo Vinai: 64 li.

Patrik Olsson: 171 li.
Peter Stanford: 52 li.
Philadelphia Tourist Board: 160-161
Pia Matikka: 170 li.
Raja Islam: 96 li.
Ron Reason: 179
San Sebastian Tourist Board: 54
© SATourism Great Stock!: 185 li.
Sol Aramendi: 171 re.
Stine Fantoft Berg: 64 re.
Ted Nigrelli: 170 re.
Thelma: 169 li.
Valencia Tourist Board: 42
YTL Hotels: 116
Istockphoto: 30 li. (narvikk), 43 (ishai01), 53 li. (corsicasmart), 59 li. (Zeiss4Me), 81 (MiguelMalo), 110 (sintaro), 159 re. (MentalArt)
Fotolia: 55 li. (Shtuki Crew)

Coverabbildung Vorderseite: StockFood GmbH, München
Coverabbildungen Rückseite (v.l.n.r.): Giorgio Sandrone, Federico Botta, Fabrizio Esposito (Archivio Lavazza), Fabrizio Esposito, Patrik Olsson

Besonderem Dank gilt: Nicoletta Diamanti; Turismo Malesia, Mailand; Philadelphia Convention & Visitor Bureau in Italy and Spain, c/o Master Consulting, Rom; Massachusetts Tourist Office in Italy, c/o Thema Nuovi Mondi Srl, Mailand; Ente Nazionale per il Turismo Tailandese, Rom; Ralph Klemp

Autoren

Carla Diamanti

Als Schriftstellerin, Reisejournalistin und *Personal Travel Designer* (Spezialistin für individuelle Reiseorganisation) gilt Carla Diamanti als absolute Reiseexpertin. Die diplomierte Politikwissenschaftlerin lebt – nach längeren Aufenthalten in den USA, Belgien und auf Haiti – abwechselnd in Turin und Paris.

Heute arbeitet sie mit italienischen Reise- und Tourismuszeitungen, Verlagshäusern, Kommunikationsagenturen und Bildungseinrichtungen für den Bereich Tourismus zusammen. Darüber hinaus ist sie für bekannte italienische und ausländische Reiseveranstalter tätig und unterstützt diese als Kulturspezialistin bei der Planung von Reiserouten sowie der Entwicklung neuer Tourismus-Angebote.

Aus ihren Reiseerlebnissen sind faszinierende Reportagen, Bücher, Fotografien sowie äußerst spannende und außergewöhnliche Reiserouten entstanden.

Fabrizio Esposito

Der Fotograf Fabrizio Esposito lebt und arbeitet in Turin. Seine Karriere begann er in den Bereichen Werbung, Video, Theater und Musik. Heute fotografiert er hauptsächlich für Sozialreportagen und ist darüber hinaus als Reise- und Foodfotograf tätig.

In diesen Bereichen arbeitete er bereits mit den Starköchen Ferran Adrià, Carlo Cracco und dem Fotografen Bob Norton zusammen. Seit 2002 unterrichtet er am Istituto Europeo di Design (Europäisches Designinstitut) in Turin und arbeitet für Foto- und Werbeagenturen sowie für diverse Zeitschriften.

Fabrizio Esposito lieferte Fotobeiträge für mehrere international verlegte Kochbücher.